U0105170

乌兰察市

四子王旗

王 菁◎主编

内蒙古人民出版社

图书在版编目 (CIP) 数据

　　话说内蒙古·四子王旗 / 王菁主编. -- 呼和浩特：
内蒙古人民出版社，2017.10
　　ISBN 978-7-204-14967-4

　　Ⅰ．①话… Ⅱ．①王… Ⅲ．①四子王旗—概况 Ⅳ．
①K922.6

　　中国版本图书馆CIP数据核字 (2017) 第 232017 号

话说内蒙古·四子王旗
HUASHUO NEIMENGGU SIZIWANGQI

丛书策划	吉日木图　郭　刚
策划编辑	田建群　张　钧　南　丁　王　瑶　贾大明
本册主编	王　菁
责任编辑	王　曼　张　钧
责任校对	李向东
责任监印	王丽燕
封面设计	南　丁
版式设计	安立新
丛书名题字	马继武
蒙古文题字	哈斯毕力格
出版发行	内蒙古人民出版社
地　址	呼和浩特市新城区中山东路 8 号波士名人国际 B 座 5 楼
印　刷	内蒙古恩科赛美好印刷有限公司
开　本	710mm×1000mm　1/16
印　张	19.25
字　数	270 千
版　次	2017 年 12 月第 1 版
印　次	2017 年 12 月第 1 次印刷
印　数	1—4000 册
书　号	ISBN 978-7-204-14967-4
定　价	68.00 元

图书营销部联系电话：(0471) 3946267 3946269
如发现印装质量问题，请与我社联系。联系电话：(0471) 3946120 3946124
网址：http://www.impph.com

《话说内蒙古·四子王旗》
编撰委员会

主　任：武玉亮　　赵利国

副主任：吉雅图　　邢　刚　　段雅丽

主　审：段雅丽

主　编：王　菁

编　委：李玉欢　杨明全　田俊海　陈　浩　武艳丽

　　　　安格鲁玛其其格　贾　敏　王文俊

照片提供：于永平　武永全　田俊海　额日和木　武艳丽

封面照片提供：田茂峰

总序

　　内蒙古自治区是我国第一个省级少数民族自治地区。全区辖9个地级市、3个盟、2个计划单列市，下辖52个旗（其中包括鄂伦春、鄂温克、莫力达瓦达斡尔3个少数民族自治旗）、17个县、11个盟（市）辖县级市、23个市辖区，共103个旗、县、市辖区。首府呼和浩特市。

　　内蒙古东西直线距离2400千米，南北跨度1700千米，土地总面积118.3万平方千米。广袤的土地蕴含着丰富的自然资源：从东到西的森林、草原、沙漠等地形地貌是天然独特的旅游资源；丰富的煤、铅、锌、稀土等矿产资源和风力、太阳能等清洁能源，为煤化工产业、有色金属产业、清洁能源产业的发展提供了支撑。地跨"三北"（东北、华北、西北），毗邻八个省区，与俄罗斯、蒙古国接壤，国境线长达4200千米，是我国向北开放的重要桥头堡和充满活力的沿边经济带的天然区位优势。气候适宜、土壤优质、草类茂盛、水源充足等优势，使农牧业的现代化建设不断走向深入。

　　这是一方丰饶的沃土，是我国北方少数民族世代生息繁衍的福地。它孕育了游牧文明，也是农耕文明与游牧文明的碰撞融合地带，在这里，不同文化相互碰撞、熠熠生辉，共同谱写了中华文明的恢弘乐章。这片土地上孕育出的仰韶文化、红山文化是中华史前文化的一部分，战国时期赵武灵王着胡服、学骑射，两汉与匈奴交往、和亲，两晋南北朝的鲜卑建立了雄踞北方的北魏王朝，隋唐与突厥建立了宗藩关系，契丹民族建立了辽代政权，蒙古民族创立了疆域广阔的大元王朝，明清与鞑靼、瓦剌等民族建立了藩属关系——历史上，北方少数民族或雄踞一方与中原交好，或入主中原，在不断风起云涌中铸就了内蒙古丰富、厚重的历史文化魂魄。进入近现代以后，内蒙古也走在抗敌御侮的前沿，为中华人民共和国的成立做出了巨大贡献。

　　这份丰厚的历史积淀当中，涌现了诸多杰出人物：他们或是一方霸主，统领一域；或是一代天骄，建万世之基；或是贤良能臣，辅助建国大业；或是时势英雄，救人民于水火；或是在各自领域堪称巨擘的名人雅士。这些人有耶律阿保机、成吉思汗、忽必烈、哲别、术赤、耶律楚材、乌兰夫、李裕智、尹湛纳希、玛拉沁夫、纳·赛音朝克图等。

物华天宝，人杰地灵。广袤的土地除了养育了一代代的草原人，也成就了它丰富的地域文化：马头琴音乐、呼麦、长调等民族音乐，好来宝、二人台、达斡尔族乌钦等曲艺，安代舞、顶碗舞等民族舞蹈，刺绣、剪纸、民族乐器制作、生活用具制作等传统工艺，蒙医药、正骨术等传统医药医术，婚丧嫁娶等独特的礼仪习俗。内蒙古在音乐舞蹈、民间艺术、文学史诗、传统医药、手工技艺、民俗风情等方面都创造了独有的成就。

悠久历史文化滋养下的内蒙古，在党的领导下，迈向新的历史征程。内蒙古自治区成立以来，党和国家一直重视内蒙古的发展，也给予各类政策和经济支持。内蒙古也不负众望，各项事业均取得了令人瞩目的成就：经济保持平稳增长，人民的生活水平不断提高；民主法治得到有效推动；建立了独具特色的民族教育体系，民族教育水平不断提高；民生改善工作成绩斐然；生态文明建设取得较大成就；四通八达的立体交通网，把内蒙古与世界各地拉得更近……

纵观几千年历史，内蒙古在历史的长河中扮演了重要的角色，这不仅源于自然条件的得天独厚，也源于草原儿女的自立自强。虽然这片沃土上的民族大多以口耳相传的方式传承着自己的文化，但是仍有不少历史的碎片撒落在当地的史籍当中，这些史料汇集成册，将成为向世人介绍内蒙古的名片。为此，我们组织全区103个旗县（市区）的有关部门和专家学者，借助各地的丰富史料，把散见于各种资料中的人文历史、民俗文化、民间艺术、壮丽风光、当代风采、支柱产业等等汇编在一起，编纂出一套能够代表内蒙古总体面貌、能够反映时代特色和文化大区风范的大型读物——《话说内蒙古》，以展示我区经济发展、文化繁荣、民族团结、边疆安宁、生态文明、各族人民幸福生活的六大风景线。

一本书浓缩的仅仅是精华中的精华，万不足以穷尽所有旗县（市区）的方方面面。若本书为你敞开一扇了解内蒙古之窗，那么，读万卷书不如行万里路，内蒙古将以最大的热情迎接你：

赛拜侬——

欢迎你到草原来！

序

　　四子王旗历史悠久、文化厚重，山川锦绣、人杰地灵，古代文明源远流长，承载了塞北草原的"人脉"与"文脉"。在这片神奇的草原上，游牧民族与农耕民族长期和谐相处、荣辱与共，共同创造了光辉灿烂的历史。

　　《话说内蒙古·四子王旗》以图文并茂的形式，翔实记述了四子王旗的历史沿革、古迹名胜、自然景观、民俗文化、祭祀文化、饮食文化和宗教信仰以及建设成就；深刻反映出四子王旗各族人民在旗委、政府的团结带领下，用智慧和汗水共同创造了美好生活，奏响了大开发、大发展、大和谐的动人乐章，是一部了解四子王旗，认识四子王旗，走进四子王旗的宝贵资料。

　　今日的四子王旗，政通人和、民族团结、社会安定、人民安居乐业。新的征程已经开启，新的目标催人奋进。我们将在党中央、国务院，内蒙古自治区党委、政府和乌兰察布市委、市政府的坚强领导下，牢记嘱托，守望相助，团结奋斗，继往开来，把祖国北部边疆这道风景线打造得更加亮丽。我们热忱欢迎、热切期盼全国各地、各行各业有识之士前来四子王旗旅游观光、投资兴业，与四子王旗21万各族人民一道，"建设亮丽内蒙古，共圆伟大中国梦"！

中共四子王旗委书记

四子王旗人民政府旗长

2017年8月

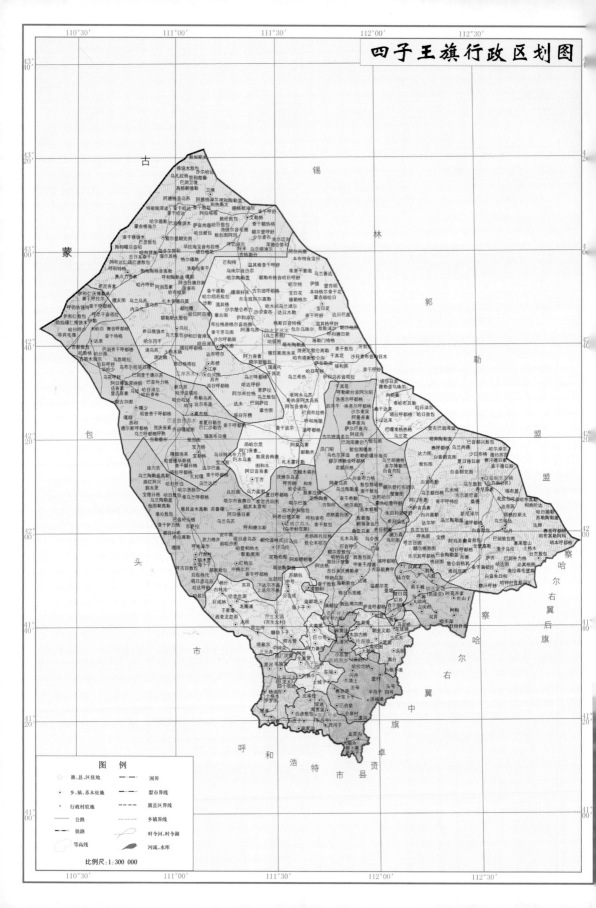

目录 Contents

草原览胜

民俗文化

建设成就

后记

历史沿革

HUASHUONEIMENGGUsiziwangqi

历 史 沿 革
L I S H I Y A N G E

四子王旗位于祖国北部，历史久远，六旗曾在这里会盟。全旗面积 25513 平方公里，是中国唯一的载人航天主着陆场，是国家重要的国防科研和军事训练区域。

概况

在伟大祖国的正北方，有一片古老而神奇的土地，历史上游牧民族在这里繁衍生息，创造了一个个美丽动人的传奇神话。这里的矿产资源极为丰富，这里的自然景色秀丽怡人。今天，草原儿女们正用他们勤劳和智慧的双手在这里描绘着一幅绚丽的蓝图。这就是被誉为"吉祥草原·神舟家园"的杜尔伯特大草原——四子王旗。

区域四至

四子王旗位于祖国北部、内蒙古自治区中部、乌兰察布市西北部，南、东、西三面分别与呼和浩特市、锡林郭勒盟和包头市

格根塔拉景区

3

金秋景色

相邻，北部与蒙古国接壤，边境线长104公里。地理坐标为北纬41°20′～43°22′，东经110°20′～113°。全旗总面积25513平方公里。四子王旗地域辽阔，资源富集。南部是乌兰察布市重要的粮食、林草生产基地和农副产品的主要加工区域；北部为辽阔的杜尔伯特大草原，蕴藏着丰富的矿产资源和野生动植物资源。

民族人口

四子王旗是一个以蒙古族为主体，共有汉、回、满、达斡尔、锡伯、土、苗、壮、彝、朝鲜、鄂温克、鄂伦春、维吾尔14个民族聚居的少数民族边境旗，总人口21.6万人。其中蒙古族人口1.9万，占全市蒙古族人口的30%，是全市蒙古族人口最多、最集中的少数民族旗。

行政区划

四子王旗隶属内蒙古自治区乌兰察布市，旗人民政府设在乌兰花镇。全旗总面积25513平方公里，占乌兰察布市总面积的46%，其中牧区20843平方公里，占全旗总面积的81.7%。全旗行政区划为5个苏木（查干补力格苏木、红格尔苏木、脑木更苏木、巴音敖包苏木、江岸苏木），5个镇（乌兰花镇、白音朝克图镇、供济堂镇、吉生太镇、库伦图镇），3个乡（忽鸡图乡、东八号乡、大黑河乡），1个牧场（乌兰牧场），121个嘎查、村，801个自然村，14个社区。全旗有党工委19个，党总支14个，各类党支部315个，党员9321人。四子王旗是全区19个边境旗县、33个纯牧业旗县之一，是国家重要的国防科研和军事训练区域，境内有神舟飞船主着陆场等军事用地，同时也是京津冀绿色生态屏障的第一道防线。连续多年被内蒙古自治区党委、政府评为双拥模范旗。

政区沿革

四子王旗地域历史悠久，辖地自古以来就是北方少数民族繁衍生息的地方。据考古资料显示，早在1万多年前的旧石器时期，就有古人类在这块水草丰美的草原上生息繁衍。旗境内红格尔苏木发现的旧石器晚期文化遗存和江岸苏木二队等地发现的单纯石器地层、出土的原始船形石核，属于中石器或新石器早期的文化遗存。

唐虞时代为山戎、荤粥之地。夏商时期为鬼方、猃狁之地。春秋战国时期属林胡、楼烦，为匈奴地。秦汉时为雁门定襄郡之徼外地、匈奴中部单于的庭辖地；魏晋南北朝时为拓跋氏据地，隶属抚冥镇；隋朝时为突厥牧地；唐朝时属振武军兼大单于大都护府；辽代时期属丰州东北境，隶西京道；金属西京路；元朝时为净州路及西南境砂井总管府之各郡，中东西部皆为赵王传世食邑；明朝时为察哈尔部林丹汗右翼属地；清朝初期封给元太祖成吉思汗胞弟哈布图哈萨尔后裔，称四子部落旗。哈布图哈萨尔第十五代孙诺颜泰生有四子：长子僧格，尊号莫尔根和硕齐；次子索诺木，尊号达尔罕台吉；三子鄂木布，尊号布库台吉；四子伊尔扎布，尊号莫尔根台吉。游牧于呼伦贝尔，17世纪30年代初，此部落归附后金，后因战事逐渐西迁于此。崇德元年（1636年），清朝皇帝赐鄂木布为达尔汗卓哩克图，授札萨克，统领四子部落。顺治六年（1649年），晋封为多罗郡王，世袭罔替300多年。清代四子王旗的古建筑及古遗址有四子王旗王爷府、锡拉木伦庙、满都勒庙址、思腊哈达庙址、艾格勒庙址、巴楞少庙址、沙如勒庙址、察其庙址、赛胡都格庙址、白乃庙址、哈布其勒庙址、乌吉庙址等。

清同治三年（1864年），开垦了乌兰花及以北部分牧场，后又放垦了乌兰花以南的东八号、西河子等地。甲午战争后，清王朝又将旗内的吉庆、供济堂、三元井等地赔给外国传教士。传教士又将土地租给农民开荒种地。

民国三年（1914年），旗地受绥远特别行政区都统节制。

民国十七年（1928年），绥远特别行政区改为绥远省，旗地属绥远省乌兰察布盟领导。

1949年9月19日，绥远省和平解放，随着四子王旗的解放，封建王公世袭制及清朝盟旗制也随之土崩瓦解。中华人民共和国成立初，四子王旗属绥远省乌兰察布盟领导。1950年4月1日，四子王旗人民政府成立，隶属绥远省乌兰察布盟人民自治政府领导；1954 年 3 月 6 日，绥远省与内蒙古自治区合并，四子王旗属内蒙古自治区乌兰察布盟人民政府领导。1958 年 4 月，乌兰察布盟人民委员会改为乌兰察布盟行政公署，四子王旗属乌兰察布盟行政公署领导。2003 年 12 月 1 日，国务院批准撤销乌兰察布盟建制设乌兰察布市，四子王旗属乌兰察布市人民政府管辖。

地形地貌

四子王旗地处世界著名的内蒙古高原的中心地带，地貌独特，地形从南至北由阴山山脉北缘、乌兰察布丘陵和蒙古高原三部分组成。地形东南高，西北低，平均海拔1400 米。南部多为山地丘陵，北部为开阔的荒漠草原。全境丘陵起伏，平原相间，既无高山峻岭，亦少较

大平原。北部多戈壁、盆地，且有为数较多的小平原及盆地相间其中，山沟、河流发育完整，是自治区西部著名的杜尔伯特天然牧场。境内中南部有东西走向的猴山（蒙古语称阿尔格朗图山），以此山为界，大体从大井坡经吉生太中号村到供济堂一线，把全境分割为两个不同类型的地貌。南部属阴山山地和山前丘陵区，北部为典型的蒙古高原地形区。

南部阴山山地和山前丘陵区。该区域内山地约占 30%，丘陵约占 70%。东南沿线是大青山坡的一部分，属山地地形向高原地形的过渡段。山峦起伏，海拔高度1600～2100 米，最高的格此老山为 2129 米。山前丘陵因长期风化剥蚀，多呈浑圆波状。平均海拔 1400米左右，相对高差 200 米以下，坡

草原岩羊

胡杨林

度 5° ～ 10° 之间。其间零星散布少数小平原和河川滩地。因南有大青山，北有猴山，东有笔架山、马鞍山，西有低山丘陵，遂形成了南部的乌兰花盆地。

北部蒙古高原地形区。猴山以北的广大地区地形平坦开阔，海拔高度 1000 ～ 1300 米，由南向北逐渐倾斜，呈桌状高原，条形谷底和碟形洼地镶嵌分布。高原地貌典型而完整，地面结构单调，没有明显的山脉，起伏和缓，切割轻微，具有明显的草原景观。

四子王旗境内主要山脉有笔架山、阿尔格朗图山、道兰斯日博山和脑木更山。笔架山主峰海拔 2096 米，道兰斯日博山主峰敖包斯日博海拔 1761 米。

土壤植被

四子王旗主要土壤为干旱草原覆盖下的淡栗钙土，约占全旗总面积的 25%，多分布在南部地区。其次是荒漠草原覆盖下的棕钙土，约占全旗总面积的 20%，是北部地区的代表性土壤。此外还有一些其他类型的土壤，面积小，分布在局部地区。全旗土壤分为栗钙土、棕钙土、草甸土、山地黑土、灰土、盐土 6 个土类，17 个亚类，165 个土种。其中农区有 25 个土属，131 个土种；牧区有 34 个土属。

四子王旗土壤分布受地质构造及山地走向的制约，总体上属于水平地带性分布。有些地域因地形、地质、水分等差异，发育成隐域性土壤；个别地方因地形、海拔的变化，出现土壤的跳跃性分布。主要分为地带性分布和非地带性分布。地带性分布以中部边墙遗址为界，北部为棕钙土、淡棕钙土，南部为栗钙土、淡栗钙土，两类各占36.4％和60.5％。非地带性分布在河滩、冲洪积、丘间洼地、湖积扇缘。因地形低，地下水位高，排水不畅，矿化度高，形成草甸土、盐土、碱土等。在东南山地一带，分布有灰褐土及山地黑土。

土壤养分状况是高钾、低磷、少氮。有机质含量较低。全旗土壤平均有机质含量为1.11％，其中农区平均1.41％，牧区平均1.04％。土壤全氮含量全旗平均0.08％，其中农区平均0.09％，牧区平均0.078％。土壤速效磷含量全旗平均3.7ppm。土壤速效钾含量全旗平均178.7ppm，其中农区平均101.3ppm，牧区平均193.5ppm。

四子王旗历史上为纯牧区，植被茂密，水草丰美。清咸丰年间开始垦殖，20世纪80～90年代超载放牧，形成了以旗中部金界壕遗址为界，从南至北的四大植被类型。

山地半干旱草原植被分布在旗境东南部，所占面积不大。植物群落为克氏针茅居多的杂草类植被，其他常见植物有羊草、膨苞鸢尾、萎陵菜、防风、百里香、蒿类、蒲公英、马莲、柠条等。覆盖度大于30％。在大青山山地阴坡还有山杏、山樱桃、山榆等灌丛植物。

丘陵半干旱草原植被分布在金界壕遗址以南的丘陵区，约占农区总面积的80％，占牧区总面积的35％。植物群落为克氏针茅居多的杂草类植物。其常见植物有小禾草类、冷蒿、火绒草类等。覆盖度30％以下。

高原干旱荒漠草原植被分布在金界壕遗址以北的高原地带。约2000万亩，占牧区总面积的60％以上。植物群落为以戈壁针茅为主群种的荒漠草原植被。其他常见植物有冷蒿、多根葱、骆驼蓬、戈壁天门冬、兔唇花、燥原荠等。在北部低洼地带，红砂、珍珠、白刺灌丛成为优势植物。灌丛下堆积成约20厘米见方的小土包，均匀分布。夏季地表热气逼人，形成荒漠草原特有的景观。覆盖度15％～20％。

草甸植被主要分布在塔布河流域的河滩，面积不大，为枳芨草甸。其常见植物有马蔺、沙草、碱蓬、西伯利亚蓼、蒿类等。

气候特征

四子王旗地处温带，属典型的中温带大陆性干旱气候兼有山地气候的若干特点。全年降水稀少，空气干燥，春季干旱风沙多，夏季短促气温高，秋季凉爽宜人，冬季漫长寒冷。年平均降水量313.8毫米，多集中于7、8、9月，占全年总量的80%。旗南部全年日照时数3084小时，北部日照时数3286小时，属日照百分率较高地区。降雪期是10月到次年的4月，最大积雪量为800～900毫米，蒸发量达1600～2400毫米，大于降水量8～10倍。年均气温3℃左右，1月份气温在−28℃～−30℃，7月份气温在30℃～38℃。全旗大部分地区平均为8级以上的大风日数在50天以上。无霜期110～115天，农历八月初即有早霜，地冻期约180天，冻深近2米。

春季冷暖气团交锋激烈，天气反复无常，气候干燥少雨，大风同季，蒸发旺盛。3月残冬。4月气温骤升，土壤表层开始解冻，大风出现频繁，大于或等于6级以上日数一般为17.8天，且时有扬沙或沙尘暴天气。一般年份5月下旬由雪转雨，特殊年份出现倒春寒，风沙、干旱是本季的主要自然灾害。

夏季温和短促，光照充足，雨热同季。气温日差较大。年极端最高气温在本季。降水量亦主要集中在本季，南部山区多雷阵性降雨，时间短、强度大、汇河快、利用少。初夏干旱、夏末冰雹是本季的主要自然灾害。

秋季秋高气爽，冷空气开始侵入，时出现秋寒潮，降雨渐少。秋初常有冰雹出现。一般年份，初霜日出现在9月上中旬。霜冻是本季的主要自然灾害。

冬季严寒漫长，气候干燥，降水稀少。蒙古冷高压迅速加强，冬季风势强盛，逐渐控制全旗境地，形成降温、降雪，西北风频繁，寒流甚至白毛风天气较频繁，土地封冻。白灾是本季的主要自然灾害。

四子王旗年平均气温在

苍狼

1℃～6℃，由南向北随地势降低，气温逐渐递增。南部山区年平均气温低于2℃，大黑河、乌兰花、巨巾号一带为3℃，巴音花、红格尔、查干敖包一带为4℃，白音敖包、吉尔嘎朗图以北为5℃，江岸、卫境为6℃。从南部山区韭菜沟到北部边境年平均气温递升5℃。

四子王旗境内阴天少，晴天多，大气透光好，光照时间长，太阳辐射强度大。日照时数南部少，北部多。乌兰花镇及以南地区年平均日照时数为3117.7小时。1974年，日照最多为3308.2小时。1976年，最少为2843.8小时。红格尔及以北地区平均日照时数为3286小时，属日照高值区。历年平均日照百分率，南部为70%，北部为75%。

蒸发量由南向北逐渐增多，而且超过降水量，致使空气干燥，干旱严重。南部地区年蒸发量约2300毫米，相当于年降水量的8～10倍；北部地区为2400毫米，相当于年降水量的15倍。年内蒸发量最大值出现在5～6月，最小值在1月。

四子王旗地处内陆，南部又有阴山山脉阻挡。太平洋暖湿气流经长途跋涉，进入旗境后，水汽减少，且来迟去早，因而境内雨季短暂，降水稀少。历年平均降水量在110～350毫米之间。

相对湿度小，年平均相对湿度：乌兰花地区65%，红格尔地区50%。相对湿度最小值出现在春季。

自然资源

四子王旗境内主要水系由5条内陆河流组成。锡拉木伦河（塔布河）全长323公里，旗境内长194公里，流域面积约7873平方公里。其次有大清河、席边河、乌兰花河、巴音敖包河，均系季节性河流。最大的内陆湖是呼和淖尔，水面面积约21平方公里。全旗地表水资源总量为9620万立方米，地下水总储量为51.93亿立方米，补给量为3.36亿立方米，可开采量为2.65亿立方米。

四子王旗境地形、气候、土壤差异大，植物资源比较丰富，拥有天然草场3000多万亩，耕地200万亩，全旗农作物播种面积175万亩，已查明的野生植物45科、225种。其中以禾本科、菊科最多，豆科、藜科、蔷薇科、百合科次之，单科单种的有18种。天然乔木有白桦、胡杨、黄榆、山杨等，其中胡杨为世界珍稀树种。

药用植物产量较高的有黄芪、知母、甘草、锁阳、柴胡、麻黄、百合、大黄、秦艽、远志、杏仁、枸杞、龙胆、车前子、蒲公英、黄芩、防风、益母草、苁蓉等。优良牧草19种，分布广、产草量高的有羊草、冰草、

塔布河

紫花苜蓿、山野豌豆、针茅属、冷蒿、三裂亚菊、寸草苔、细中苔、碱蓬、马蔺、多根葱等。

在各种植物中，有不少山肴野菜，如发菜、蕨菜、黄花（金针）、野蘑菇、沙葱、山韭菜、田苣菜等。

有毒植物主要有：狼毒、野罂粟、天仙子（熏牙籽）、荨麻等。

有野生动物数十种，其中常见野生动物有黄羊、盘羊、野驴、狼、狐狸、刺猬、猞猁、獾、鹰、野兔、沙鸡、百灵等。

矿产资源

四子王旗境内已探明的矿藏有40余种（其中金属矿产20余种），煤、金、铜、萤石、石膏、芒硝、石油等矿藏储量可观，具有较高的开采价值。萤石矿产品位高，质量好，远景储量1亿吨，其中苏莫查干敖包萤石矿已探明储量2000万吨，属亚洲单体第一大矿藏。煤炭属褐煤，储量达34亿吨。石膏已探明储量7676万吨，远景储量1亿吨，矿石品位高，具有较高开采价值。乃莫岱石膏矿D级储量4400万吨，埋层浅、矿体厚，是内蒙古地区大型矿藏之一；此外白乃庙铜矿、小南山铜镍（多金属共生）矿属自治区级大型矿藏，富含金、铜、镍、钯、钴、铑等稀有贵重金属。全旗规模以上工业企业41家。

此外，四子王旗具有优越的交通区位优势，得天独厚的风光资源、绿色健康的农畜资源。国家首批4A级景区格根塔拉、国家重点文物保护单位净州路古城遗址、全国第三批胡杨林、大红山、中欧贸易"茶叶之路"、藏传佛教圣地锡拉木伦庙、神舟飞船主着陆场等独具特色的旅游资源，发展潜力巨大。

知名人物

四子王旗人杰地灵，名人辈出，在不同的历史时期，涌现出了一批又一批杰出人物。20世纪初，时任乌兰察布盟盟长之职的四子部落旗第十三任札萨克王爷勒旺诺尔布以卓越的胆略带领乌兰察布盟六旗札萨克一同抗衡清王朝官垦5年之久；抗日战争时期，威震日伪的抗日英雄范建国领导抗日一、二联区政府坚持抗日；更有血洒疆场的云银祥、邸福义、孙库等革命先烈。中华人民共和国成立后，涌现出的宝音毕力格、斯仁哈拉、苏荣扎布等一批先进人物，为四子王旗的解放事业和社会主义建设事业做出了卓越的贡献。

四子部落史

四子部落蒙古族是元太祖成吉思汗胞弟哈布图哈萨尔的后裔。古老的民族传承着古老的草原游牧文化，守护着载有祖先神灵的"青格力格"，谱写着多姿多彩的生态文明、天人合一之歌。

四子部（今四子王旗）地处中华人民共和国西北边陲，大青山北麓，隶属于乌兰察布市行政建制序

四王子雕塑

列。旗界北与蒙古国交界（国境线长104公里），南与武川县、卓资县、察哈尔右翼中旗毗邻，东与察哈尔右翼后旗、锡林郭勒盟的苏尼特右旗为邻，西与达尔罕茂明安联合旗接壤。东南距祖国首都北京510多公里，南至内蒙古自治区首府呼和浩特市110公里，东至乌兰察布市政府驻地集宁186公里。

四子部所辖地域，自古以来就是北方少数民族游牧居住的地区。据考古学发现：早在1万多年前的旧石器时期，就有古人类在这块水草丰美的草原上生息繁衍。本旗境内红格尔苏木发现的属于旧石器晚期文化遗存和江岸二队等地发现的单纯石器，地层出土的原始船形石

哈布图哈萨尔雕像

核，属于中石器或新石器早期的文化遗存，科学地证实了古人类活动的踪迹。

四子部是蒙古民族中一个历史悠久的部落，长期以来活动生息于我国北方的广阔草原上。四子部蒙古族以其勤劳勇敢、骁勇善战而著称，为整个蒙古民族的发展和祖国统一做出过重要贡献，是蒙古民族的重要组成部分。据史籍记载，1206年（宋开禧二年）成吉思汗统一蒙古各部，建立起蒙古国家——也客忙豁勒兀鲁思（大蒙古国），把全蒙古部众划分为95个千户，在千户以下，又分百户和十户，组编成基本军事单位和地方行政单位融为一

体的组织。千户的规模大小不一，统辖的户数也多少不等，有的名为千户，实际上所统辖的户数多达数千。成吉思汗把组编成千户的蒙古人众连同管辖千户的各级诺颜（长官），分配给开国有功的官僚和他的母亲、诸子、诸弟。据《蒙古秘史》载，成吉思汗二弟哈布图哈萨尔得四千户。自此，哈布图哈萨尔家族及其部众游牧于额尔古纳河流域和呼伦贝尔草原。据《蒙古族简

杜尔伯特第十一代札萨克郡王勒旺敖日布与左、右协理

草原景色

四子部落旗在清顺治年间迁到此地时带有八面这样的旗

史》记载，额尔古纳河流域东西两岸间发现有多处哈布图哈萨尔家族营建的城堡废墟。哈布图哈萨尔家族及其部众跟随成吉思汗和他的后继者们，在横跨欧亚两洲的几次远征及扩大统一中国疆域的征战中，冲锋陷阵，建立了卓越功勋。其中，一部分部众在几次远征中足迹遍及欧亚两洲的广大地区，并且留住下来，逐渐成为当地居民的组成部分；一部分留居蒙古高原或从前线返回故地，成为现在四子部、科尔沁部、乌拉特部和茂明安等部的先民。

四子部作为哈布图哈萨尔后裔的分支，形成于哈布图哈萨尔第十六世孙诺颜泰奥特根时期。四子部（也称四子部落，蒙古语称杜尔本呼和德因爱玛克）形成初期，始

称为四驹子部（《一统志》）。哈布图哈萨尔十六世孙诺颜泰奥特根与其父昆都仑岱青率所属部众游牧于兴安岭以北地区，故以岭为界，居于岭北的阿鲁科尔沁、乌拉特、四子、茂明安等蒙古部落，统称阿鲁蒙古。诺颜泰奥特根生有四子：长子僧格，号莫尔根和硕齐；次子索诺木，号达尔罕台吉；三子鄂木布，号布库台吉；四子伊尔扎布，号莫尔根台吉。四子皆聪慧机敏，智勇宽厚，兄弟亲谊笃深，和睦相处，受到部族人众的尊重和拥戴，被誉称为"四驹子"。宝马神驹是马背上民族对所尊敬的人的爱称和对所喜爱孩子的谑称。四子执政后，各有自己的领地和属民，兄弟间仍亲密无间。随着领地的扩大和部众

的增多，发展为爱玛克（部落），所部被称为"四子部"（意为四个孩子的部落）。

四子部落在清初编旗的时候，由于四子各有自己的领地和属民，于是将兄弟四人的属民均编为7个苏木，由四子分别统领，这也是唯四子部落旗在和硕衙门与苏木之间设有4个"道劳"建制的原因。

民国二年（1913年），四子部落旗勒旺诺尔布札萨克郡王被加封亲王衔。国民党政府仍沿袭清朝理藩院和北洋政府蒙藏院旧制，设置了统治蒙藏等少数民族的专门机构蒙藏委员会，遂将"四子部落旗"的"部落"二字略去，正式定名为"四子王旗"，一直沿用至今。

独特的六旗会盟地

四子部是在什么时间全部由呼伦贝尔草原迁来本旗驻牧呢？《钦定外藩蒙古四部王公表传》所记载是天聪四年，也就是1630年。也就是说，300多年以前，四子部游牧于呼伦贝尔。

乌兰察布盟第一次会盟，据说在西部原属土默特后山部辖区的红山口召开，后由于地域的变迁、调整、放垦种种原因，300多年来，曾多次改在四子部白彦敖包（今四子王旗东八号乡白彦敖包村）召开。乌兰察布盟盟长基本都由四子王旗王爷出任。据牧民长者讲述，乌兰察布盟第一任盟长是四子部第七代王爷车凌旺扎勒。清光绪年间，四子部第十三代王爷被任命为盟长。清末、民国末年由乌拉特中旗札萨克林沁僧格担任。

1670年（康熙九年）乌兰察布盟六旗的会盟地选在四子王旗境内，现东八号乡白彦敖包村，六旗会盟即指四子部落旗、茂明安旗、乌拉特前旗、乌拉特后旗、乌拉特中旗和达尔罕旗，故有乌兰察布盟之称。会盟大会三年召开一次，大会期间主要解决、商讨各旗之间的牧场纠纷；核定各旗的人丁户口和兵丁等

乌兰察布盟首次会盟地复原图

乌兰察布盟四部六旗王公合影（1936年）

问题。同时举办敖包祭祀活动，会盟地址一直在四子部白彦敖包。这里地处四子部南部，依山傍水，牧场宽阔，水草茂盛，并建有大型盟祭天敖包（今遗迹仍在）。山坡上有白色巨石两块，天气晴朗时由远处眺望，似两匹白色骏马飞奔，（实因气流所致）确系各旗聚会的良好场地，形成了重要的会盟议事制度和集会文化仪式，具有重要的历史地位和深远影响。

经考证，漠南地区六盟之一的乌兰察布盟首次会盟时间约在顺治十年（1653年）七月，时有三部五旗参加。即乌拉特部前、中、后三旗、四子部落一旗、喀尔喀右翼部一旗。茂明安部首领僧格于康熙三年（1664

年）授札萨克一等台吉爵，赐牧于艾布盖河源，同年改设为旗，隶属乌兰察布盟。

乌兰察布成为盟之建制以后，就开始履行其会盟制度。相传，当时各盟为了选择一处既能顺应天道，又能使政通人和的风水宝地，来作为与世长存的会盟场地，时任盟长会带领所辖各旗王公和风水大师长途跋涉，走遍所辖领地之山山水水，最终确定其会盟场地，之后上报理藩院注册。乌兰察布盟也不例外，几经周折之后，才选中四子部西南道劳（属于该旗首任札萨克鄂木布属民领地）境内，依山傍水、风景秀丽的草甸草原乌兰察布（蒙古语，"乌兰"为红色，因其地土质为红色，"察布"为当地蒙古族方言，即四周较高的平缓滩地）。"察布"中央有一眼涓涓涌泉，其南端则是潺潺的乌兰察布河流，其北侧山脉形状尤为奇特，好似矫健的雄鹰在展翅翱翔。而且此山南麓有两块飞来的斡胡克图朝鲁（蒙古语，脂肪般白色的石英石），则是本土古老的地名，从水雾蒸蒸的远处眺望，酷似传说中成吉思汗的两匹神驹在奔驰，实属人杰地灵、物华天宝的风水宝地，且择定为该盟会盟场地。

于是，在展翅翱翔的鹰冠上修建了象征会盟的巨型敖包，并预示丰盈富饶而命名为"白彦敖包"；在鹰的右翼山脉上乌拉特部前、中、后三公旗，在左翼山脉上四子部、茂明安部、达尔罕部，分别以统一造型、间距一致的规格修建了象征各旗的六座敖包，寓意全盟六旗骨肉同胞之使命，永世驾驭鹏雕遨游苍穹。

从盟旗建制形成那时起，各个盟、旗以及苏木均修建了象征自己的敖包。敖包是北方游牧民族由来已久崇尚自然、敬畏生灵、实践人类与自然和谐的文化载体，也是祈祷长生天，人与大自然沟通心灵、寄托美好夙愿的精神图腾。在沧桑漫漫的游牧文明长河中，遍布蒙古草原各个角落的敖包群落，负有异乎寻常的文化使命，她既是见证历史人文的丰碑，又是呵护万物生灵生生不息的守护神。自古以来，世世代代赖游牧生存的蒙古民族，每当做出重要决定之前，首先祭拜敖包神灵，祈福心想事成、所向披靡，祈祷草原水草丰美、祥和安泰。换言之，敖包文化是生态文明高于一切、万物生灵彼此敬畏相依，它使得游牧文明走向辉煌，也铸就了草原文化灿烂的核心载体。

乌兰察布六旗为了使会盟地象征各自的敖包具有神通广大、护佑万物生灵天长地久之灵气，主体盟敖包与其他六座旗敖包的核心建材石料，全部来自全盟各旗的圣山名川。蒙古民族崇尚自然之理念丰富多彩而又绝无仅有，认为自开天辟地以来，裸露于地表上的明石是活性物种，它经风雨见世面，拥有千古记忆，既能传递天地人间情感，又能维系万物生灵所欲，唯有使用这种活性建材修建的敖包，再通过博教（萨满教）大师开光，使之充满吉祥之瑞气，富有神通广大的灵通之功能。

清朝制定的盟旗定期会盟形式，实际上并不属于新的发明。早在蒙元时期部队出征、部落聚会、大小庆典，凡是举行大众性活动，都要聚会于指定的敖包前，在首领或宗

笔架山

教大师的指引下，首先祭拜敖包神祇与长生天取得心灵上的沟通，然后进行祈福，求得所向披靡、凯旋而归的好运。清之会盟制是在蒙古民族传统敖包文化的基础上，来贯彻其政治主张的一种群众性活动。各盟每届会盟活动则是全盟上下的头等大事，由时任盟长亲自主持，副盟长协助操办会盟事宜。每次会盟清政府都要派遣钦差大臣和理藩院司员大驾光临，该盟所辖诸旗王公协理、梅林大臣、台吉塔布囊、各个苏木章京和参领等达官贵族以及相关民众及仆人全部出席，会盟活动是本土草原极为隆重的盛会。

因为蒙旗会盟的政治意义非同一般，清政府通过会盟的形式来贯彻中央意图，体察蒙古上层的心理状态，了解民众人文脉搏动向，进而加强朝廷对蒙古的统治。为此，理藩院对蒙旗会盟制定了诸多法规条例。如，各盟每隔三年会盟一次，会盟地址不得任意改变；会盟之前需要清理全盟各旗刑名、编审丁籍、处理完毕重大事务，并造册上报理藩院；会盟前，会集各旗台吉兵丁修理器械，并休整部队、验看操演，免得出现疏漏。会盟时，清政府派大臣携敕书和理藩院官员前来指导，各旗诸官、闲散王公、达官贵族亲自出席；各旗要在其敖包和会场悬挂标志自己的旗帜。对于会盟时缺席的札萨克会予以严厉处罚，亲王和郡王罚骏马20匹；贝勒、贝子及公王罚马15匹；管旗章京罚马5匹，副章京4匹，参领3匹，佐领2匹，骁骑校1匹；领催罚犍牛1头；什长罚牛1头；逾期者各按日罚马。可见蒙旗会盟是非同一般的大事。

据相关资料显示，乌兰察布盟各旗在每次会盟数日前，六旗王公贵族、协理梅林与其家眷、相关官员和民众千里迢迢、浩浩荡荡从四面八方涌来，汇聚在白彦敖包山下的乌兰察布泉水滩，并以马蹄形状筑起蒙古包和图案精美的帐篷群落，各旗都在主毡帐右侧悬挂自己的旌旗，将各自敖包装点一新，杀牛宰羊准备祭祀活动。各盟的会盟仪式大同小异，均以祭拜敖包神祇来拉开序幕。首先，各旗王公主持祭拜自己的旗敖包。然后，在盟长的统一指挥下，各旗王公贵族聚集在象征盟之白彦敖包前，将丰盛的红（肉食）白（奶食）祭品摆好后，在香火缭绕的气氛中，由盟长出面站在熊熊燃烧的圣火（火燧之火）前，向长生天宣读写在黄绸子上的奏请书（内容大概为，三年之内在本盟境内所发生的天灾人祸，以及全盟民众所希冀的美好夙愿等）。将宣读过的奏请书放入火里升天之际，击鼓曼舞的博教大师便出场，施法诵经驱散邪恶之晦气，召唤吉祥之瑞气。当天地神灵附体于博教大师之时，神乎其神的大师便进入状态，通过与长生天对话来祈求风调雨顺、灾难远离、五畜兴旺、国泰民安（后来，博教祭祀由喇嘛教所取代）。

然后，出席会盟活动的清政府官员使臣检阅全盟各旗骑兵列队入场阵势，听取盟长汇报（简明扼要概述三年以来全盟政治、军事、经济、宗教、民生等情况）。之后，由中央及理藩院官员向全盟王公贵族传达皇帝恩典、朝廷指令，公示全盟各界上层人士被嘉奖或处罚情况，来实施清王朝对该盟的统治政策。如此会盟之举，盛大而隆重，其文化娱乐活动往往持续一周左右，各旗王公为了表示对朝廷忠诚有余之情，轮流坐庄邀请盟长和兄弟王公贵族来作陪前来光临会盟的朝廷官员，载歌载舞，盛宴此起彼伏。会盟仪式最终以蒙古民族传统的那达慕，男儿三项竞技角逐见分晓，对获胜者分别予以丰厚的物资奖励来告终。乌兰察布会盟地白彦敖包东侧四华里处北山坡上，曾经有一座螺旋形、五节式空心铸铁塔，顶端置有金属质苏鲁锭。塔之五层结构分别寓意"五守舍神"（即乡土神、父祖神、母命神、战神和生命神）

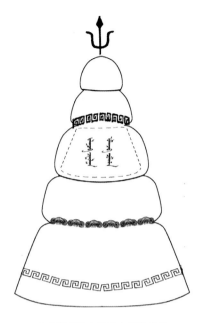

乌兰察布盟会盟纪念塔复原图

之理念。塔高两丈有余，底端直径为九尺，民间称之为"会盟纪念塔"。据相关资料显示，铁塔大约始建于清顺治末康熙初年，塔的下端两层分别置有精美的草纹和民族图案装饰，第三层正面置有浮式蒙、满两种楷书"乌兰察布楚古拉根"（楚古拉根，意为聚会）字样。

1901 年，四子部在清政府逼迫之下，将乌兰察布河流南端的"珠丽更锡勒"广袤草原割让为农耕之后，驻牧于西南道劳的牧民逐渐北移。据一位原四子王府衙门值班老人回忆说："袁世凯继位皇帝时（1916 年）乌兰察布还在举行会盟庆典。在这之前，由清朝规定的每隔三年会盟一次之制度，几乎没有间断，一直都在延续。后来，随着不断拓展的农耕经济占领乌兰察布河流两岸，迫使游牧生产逐渐远去，由于文化和宗教理念的差异，使历史悠久的会盟敖包文化也就自然被闲置而冷落了。"

1994年，又据白彦敖包村里的知情者七旬老农王世民回忆说："那座古塔高大威武，从大几十里外就能瞭得见。我们童年时期经常到塔边去玩，从塔底缝隙间可以钻进十几个人。当年为了躲避土匪袭击，我们全家老少一起多次藏入塔内。1952年'土改'的时候，白彦敖包村里的农会，用炸药将铁塔摧毁，把废渣铸成几百件犁铧，作为'土改'战利品分给了农民。"

以上诸证据证明，乌兰察布会盟自始至终一直都在四子王旗西南道劳境内的乌兰察布河畔。

乌兰察布早在清顺治十年（1653年）就已形成盟之格局。该盟四部六旗建制结构，直至1952年依然保持着原始状态。中华人民共和国成立后，乌兰察布的行政区划发生了多次变革。国家为了建设包头工业基地，1952年10月，将达尔罕贝勒旗与茂明安旗合并为"达茂联合旗"；同时把乌拉特中旗与乌拉特后旗。合并为"乌拉特中后联合旗"。1954年3月，撤销了绥远省，将其所辖区域全部归属内蒙古自治区时，绥东辖区整个划归平地泉行政区。1958年，又把该盟乌拉特三公旗划归河套行政区（并始建巴彦淖尔盟）。同时撤销了平地泉行政区，将其所辖察哈尔右翼境内三旗、八县、一市划归了乌兰察布盟。1969年11月，将苏尼特右旗、二连浩特市、化德县划归乌兰察布盟。1980年5月，又把苏尼特右旗、二连浩特市划归锡林郭勒盟。1996年，将达茂联合旗划归包头市辖区，使历经300余年的乌兰察布盟原始结构全部解体，唯有四子王旗依然高举着"乌兰察布"这面古老雄浑的历史大旗。

古迹寻踪

古 迹 寻 踪
GUJIXUNZONG

四子王旗自旧石器时代就有人类活动。蜿蜒的驼道残迹、雄浑的金长城遗址、古老的锡拉木伦庙、肃穆的乌兰花烈士纪念塔……滋养了这片土地厚重的文化。

草原岩画

草原岩画是先民们在漫长的历史发展过程中生息繁衍、生产活动、思维信仰、图腾文字的真实写照，也是人类社会进步、自然环境变迁的历史佐证。

辽阔富饶的杜尔伯特草原，自古就是北方游牧民族劳动、生息、繁衍的一块乐土。他们虽然是逐水草而迁徙，但是，也曾在这里创造过当时世界上堪称先进的牧业文明，留下了他们的生产、生活的足迹。然而，随着时间的推移，也不知是什么时候，游牧人驰骋草原的场景已经无声无息地从历史舞台上消失了，在任何地图上都找不到他们的踪影，只是在广袤的草原上，零零星星地散置着各地牧民、猎人长眠的墓地、居住过的遗址以及草原先民们以其古朴的艺术风格、独特的

查干哈萨图岩画

乌兰哈达岩画

艺术形式创作的艺术珍品——岩画，为我们叙述着这里悠久的历史。

在风光秀丽的乌兰察布草原深处，至今仍保留着乌兰察布草原岩画，据史学家考证，最早创作于1万年以前，最近的也有数百年的历史。

草原岩画主要分布在四子王旗江岸苏木西北约45公里处查干哈萨图，距中蒙边境15公里，是1988年全旗文物普查时发现的。以岩画所在地为中心，东面是较平坦的丘陵草原，约15公里处有通往边境额尔登的公路；南面约10公里处有一座无名的敖包，西面为狭长的丘陵，北面是四子王旗锰矿所在地。岩画址大致呈长方形，面积为1693平方米。

岩画遗址坐落在一个台地西侧的斜坡上，斜坡东南高，西北低，坡面倾斜度为40°左右。在这个面积约1公里×1公里的斜坡上，有一些同坡的倾斜度基本一致的岩石盘，散落在其间。创作有图的岩盘约40～50块，每块岩石的面积分别在2米×3米或1米×1.5米左右，画幅数量也不尽相同，少则2至3幅，最多的一块岩石上有10多幅。但是，岩石高出地面的程度却不大一致，有的为0.2～0.5米，有的则在1米左右，岩石的色泽为灰白色，石质略粗，石面较为平滑，好像是大自然专门为古代艺术家进行创作活动而制作的一块又一块的天然画布。

这些岩石的分布情况基本呈弧形片状，弧形突出的一面朝着正北。岩画主要勾勒在一些东南高、西北低的岩石上。表现的题材大多为奇蹄类动物蹄印，当地牧民称之为"马蹄子"。

这些岩画，最初看上去极像压印的痕迹（即"蹄迹化石"）。但是，仔细观察，由于这些蹄迹有大小之差，划沟有深浅之别，特别是岩画中的种种标记图案，与真的蹄子印迹本身毫无共同之处，显然，这种标记在古代艺人创作的图形中具有特别的意义。再者，形成"遗迹化石"的时代为"恐龙时代"，而这种蹄类动物的年代形成"遗迹化石"的条件已经不复存在。所以，这些蹄印，可以肯定地说是一种人工刻画的艺术品——岩画。从岩画的表现形式看，查干哈萨图岩画是一种写实风格的作品，无怪乎古人把这类形式的岩画看得那么神秘，他们这种心理不仅包含崇拜神灵的思想，也产生了人类最原始的审美意识。正是这种与人类劳动实践有着最早渊源关系的审美意识，成为产生这种岩画题材的主要动力，促使着岩

画制作者自觉地依据美的规律去人化自然，进行原始艺术的创造。

岩画虽然经历了多则几千年，少则几百年之久的日晒雨淋，表面还有黄色、绿色的岩垢。但是，从陈旧的岩石上仔细观察，没有发现敲凿的痕迹，而是采用一种磨刻的方法制作而成。即用石器触磨石表面，使所要表现的画面轮廓的线条呈凹槽式（或称阴刻），并且修整得细致光滑。另外，在江岸苏木发现有毕其格图岩画点。

毕其格图（蒙古语意为有文字的地方）位于江岸苏木尔登嘎查，一个东西走向的平原冲积小峡谷中。峡谷北崖系花岗石小峭壁，光滑平整，岩壁上刻有多种动物图案，多为牛羊、狩猎等形象，并伴有藏蒙文字，刻有图案的岩壁东西延伸约100米。经考证，岩画系匈奴人所留文化遗迹，蒙藏文字多是佛号，为后世蒙古喇嘛所刻。

这些岩画的发现，再现了远古草原游牧文化的丰富与神秘，值得去探寻观瞻，对于四子王旗的整个历史来说尤为可贵。它不仅是古代游牧民族的艺术典型，也是远古民族原始的世界观和精神生活的实物资料。借助这些岩画，我们便可揭起通往古代文化最为复杂、最难认识领域的帘幕，从而进入游牧先民

乌兰哈达岩画

的思想和感情的世界。因此，可以说岩画就像一座桥梁，它将引导我们从今天的世界步入具有黄金般色彩的青铜器时代。这就使我们不得不深信，在四子王旗这块广袤的草原上，曾经有过无数生灵，他们有同我们一样的思想、灵魂、情感。

岩画是一种石刻文化，在人类社会早期发展进程中，人类祖先以石器作为工具，用粗犷、古朴、自然的方法——石刻来描绘、记录他们的生产方式和生活内容，同时，岩画也为我们留下了一笔珍贵的文化遗产。在四子王旗境内经调查发现的32处岩画遗址中，时代序列大体归纳为：石器时代、青铜时代、元代和清代四大类。

1. 新石器时代

（1）查干哈萨图岩画址，位于乌兰花镇西北219公里处，江岸苏木尔登嘎查查干哈萨图牧点内。

（2）布楞岩画址，位于乌兰花镇东北120公里处，脑木更苏木山达来嘎查布楞牧点内。

2. 青铜时代

（1）达布苏岩画址，位于乌兰花镇东北115公里处，脑木更苏木山达来嘎查达布苏牧点内。

（2）希纳格岩画址，位于乌兰花镇东北110公里处，脑木更苏木山达来嘎查希纳格牧点内。

（3）道包岩画址，位于乌兰花

镇北140公里处，脑木更苏木乌兰希勒嘎查道包牧点内。

（4）包格图阿莫，（包格图，蒙古语意为有鹿的地方）岩画遗址位于乌兰花镇东北120公里处，白音朝克图镇白音敖包嘎查包格图阿莫牧点内。

3.金、元时期

（1）那仁岩画址，位于乌兰花镇东北125公里，脑木更苏木山达来嘎查那仁牧点内。

（2）哈日敖包岩画址，位于乌兰花镇东北135公里处，脑木更苏木山达来嘎查哈日敖包牧点内。

（3）脑包图岩画址，位于乌兰花镇东北90公里处，白音朝克图镇山丹嘎查脑包图牧点内。

（4）中少岩画址，位于乌兰花镇东北110公里处，白音朝克图镇乌兰哈达嘎查中少牧点内。

（5）呼勒德岩画址，位于乌兰花镇西北220公里处，江岸苏木尔登嘎查呼勒德牧点内。

4.清代

（1）乌兰哈达岩画群址，位于乌兰花镇东北100公里处，白音朝克图镇山丹嘎查乌兰哈达牧点内。

（2）毛洞敖包岩画址，位于江岸苏木驻地北约35公里处，江岸苏木乌拉嘎查毛洞敖包。

（3）毕齐格岩画址，位于乌兰花镇西北210公里处，江岸苏木赛点勒乌素嘎查毕齐格牧点内。

（4）毕齐格西北岩画址，位于乌兰花镇西北约211公里，江岸苏木赛点勒乌素嘎查毕齐格牧点内的黑灰色的岩石上。

（5）夏日哈达岩画址，位于乌兰花镇西北228公里处，江岸苏木尔登嘎查夏日哈达牧点内。

（6）阿登此老岩画址，位于乌兰花镇西北244公里处，江岸苏木尔登嘎查阿登此老牧点内。

（7）毕齐格图岩画址，位于乌兰花镇西北260公里处，江岸苏木尔登嘎查额尔登大巴雅尔住宅南侧。

（8）卫井阿莫吾素岩画址，位于乌兰花镇西北235公里处，江岸苏木卫井嘎查阿莫吾素牧点内。

（9）扎拉岩画址，位于乌兰花镇西北230公里处，江岸苏木卫井嘎查扎拉牧点内。

（10）呼仁阿吉勒格岩画址，位于乌兰花镇西北215公里处，江岸苏木卫井嘎查呼仁阿吉勒格牧点内。

（11）德勒敖包岩画址，位于乌兰花镇西北220公里处，江岸苏木卫井嘎查德勒敖包牧点内。

（12）毕力贡岩画址，位于乌兰花镇西北215公里处，江岸苏木卫井嘎查毕力贡牧点内。

（13）卫井嘎查驻地岩画址，位于乌兰花镇西北216公里处，江岸苏木卫井嘎查队部西侧约300米处。

（14）奥特奇沟岩画址，位于乌兰花镇西北61公里处，红格尔苏木南2公里奥特奇沟内。

（15）乌兰呼少岩画址，位于乌兰花镇东北115公里处，查干补力格苏木敖包图嘎查乌兰呼少牧点内。

（16）石塘沟岩画址，位于乌兰花镇西北55公里处，红格尔苏木白彦花嘎查石塘沟牧点内。

（17）中少西岩画址，位于乌兰花镇东北111公里处，白音朝克图镇乌兰哈达嘎查中少牧点内。

（18）乌吉岩画址，位于乌兰花镇东北132公里处，白音朝克图镇乌兰哈达嘎查乌吉牧点内。

（19）毕其格图岩画址，位于乌兰花镇东北115公里处，白音朝克图镇乌兰哈达嘎查毕其格图牧点内。

（20）萨其岩画址，位于乌兰花镇东北108公里处，白音朝克图镇白音敖包嘎查萨其牧点内。

（21）萨其南岩画址，位于乌兰花镇东北107公里处，白音朝克图镇白音敖包嘎查萨其牧点内。

抚冥镇遗址

著名的北魏六军镇之一的抚冥镇遗址在今四子王旗乌兰花镇土城子村，距旗政府驻地的乌兰花镇7公里。抚冥镇建于386年。北魏六军镇的建立是为了防御当时出没于大漠南北的柔然汗国的南侵，遂在京都平成（今大同市）以北设置了沃野、怀朔、武川、抚冥、柔玄、怀荒六镇。抚冥镇是突出于北部最前端的军事重镇，战略位置极为重要，驻扎着当时最精锐的部队，兵强马壮。据考证，花木兰从军就在北魏时期的四子王旗境内。

自北魏孝文帝迁都洛阳，六镇逐渐沦为荒凉的边陲小镇，数百年间再无当权者问津。北魏正光五年（524年）四月，沃野镇匈奴族破六韩拔陵率义军攻占白道（今蜈蚣大坝），破抚冥镇，南攻武川，占怀朔，大败北魏军，抚冥镇毁于战火。

古镇城垣虽毁，土夯犹存。古城分为南北两部分，城垣残存很少，北城城垣如仔细探寻尚依稀可辨。

抚冥镇古城遗址位置图

古镇东西长约800米，南北宽约200米。南城东部稍窄，城门尚可见其基础。城内已看不出建筑物，除有大量灰色素陶残片和粗绳纹砖外，遗物少见。城西北有一土阜，附近散落的碎砖乱瓦较多，土阜下有石条根基，为当年的一处较高建筑遗址。近代的考古工作者在土城子古城中，曾发现北魏时期的青砖及绳纹砖、板瓦、兽面纹瓦当、子母口筒瓦、弦纹陶片、瓷碗碎片等，与中原同时期的形制基本相似。村民于数十年前在城南角曾挖出黄铜铸菩萨一尊（高18厘米）。

2006年9月4日，内蒙古自治区人民政府批准并公布抚冥镇遗址为自治区第四批重点文物保护单位。

古驿站

四子部境内古驿站历史悠久，在过去对本部落传递信息、沟通内地和边疆文化交流都起过重要作用。所谓驿站，就是负责投递公文、传送官物及供来往官员休息的地方。

早在元代由中原通往漠北哈拉和林的驿站通道就有三条。一条被称作"帖里干札木"，是车道，信差主要是乘坐车辆往返传递公文、官物等；一条被称作"穆林札木"，是马道，信差主要是沿驿站路线乘马传递军政文件；一条被称作"纳林札木"，是密道，为军事专用驿道，主要供当时军事统帅、军事机关有紧急军务时使用，其他地方政务不准使用。

清朝时，驿站、邮路较元明两朝有了进一步的发展和完善。清朝政府在边疆地区设立的邮传机构有两种：一种为传统的驿站，是从内地通往东北、内蒙古、青海、新疆等地，由属各札萨克旗的驿道组成。另一种称军台，是由内地通往喀尔喀蒙古（今蒙古国）以及新疆边地要隘所设卡伦的驿道组成。两者皆属清朝兵部掌管，功能也基本一样。其区别在于驿站主要是为了联系朝廷与内属各旗间的政务，而军台主要是为了传递朝廷与驻边将军大臣和外藩各旗间的军情及官文，是内蒙古地区驿站的延伸。由于军台在内蒙古境内的台站与原有的驿站是同一条线路，因此军台在内蒙古境内既是驿站，也是军台。于是，"驿站""军台"的名称相互通用。如有张家口通往四子部的十九站驿路，既是内地通往边疆的5条邮驿线路之一，又是通往外蒙古和新疆阿尔泰军台的漠南段。

康熙三十二年（1693年），张家口一路始设驿车两辆，只许进贡及要差使用。

张家口至四子部境内一路驿站按顺序为：

驿站牌

察汉托罗盖为一台。

布尔哈苏台（也称库尔苏，意为有柳条的地方），为二台。

哈流图（意为有水獭的地方），为三台。

鄂罗依琥图克（意为山间的井），称四台，河北尚义县境内。

奎索图堪斯呼（亦称奎索图诺尔），为五台，今商都县小海子一带。

札哈苏台（意为有鱼的地方），称六台，今商都县沙泉儿一带。

明爱（也称明安白兴，意为千座房子），称七台，今商都县城附近。

察查尔图（也称察起尔图），为八台，今商都县大拉子村一带。

沁岱，今察哈尔右翼后旗土牧尔台境内，为九台。

乌兰哈达驿站（意为红色岩峰），今四子王旗白音朝克图镇附近。

奔巴图驿站（意为圆鼓鼓的山丘），今四子王旗白音朝克图镇南。

锡喇哈达驿站（意为黄色岩峰），今四子王旗白音朝克图镇南。

布噜图驿站（意为有碌碡的地方），今四子王旗查干补力格苏木附近。

察汉呼都克驿站（意为白色的井），今四子王旗红格尔苏木附近。

锡拉木伦驿站（意为黄色的河），今四子王旗红格尔苏木境内。

乌兰呼都克驿站（意为红色的井），今巴音敖包苏木南。

吉斯洪伙尔驿站（意为有红铜的洼地），今四子王旗巴音敖包苏木达赖嘎查附近。

这条驿路经张家口通往苏尼特左翼旗、苏尼特右翼旗、喀尔喀右翼旗（达尔罕旗）、茂明安旗、四子部落旗五旗，全长550余华里，四子部落旗境内就有8个驿站。这条驿路同时作为阿尔泰军台，是通往漠北、漠西蒙古地区的重要通道。

成吉思汗青石

该青石位于锡拉木伦庙西北巍峨的阿木古郎峡谷东南山边的峭壁上。湍急的锡拉木伦河起源于阴山山脉，顺着大青山北麓流过险峻的阿木古郎峡谷。

阿木古郎峡谷两岸生长着茂密的柳树、杨树、榆树，覆满了山杏、锦鸡儿丛、角茴香、獐牙菜、蒙古莸、天门冬、知母、艾蒿、黄花蒿、石竹、野蔺、鼠李、点地梅、蒙古山萝卜、蝎子草、黄花、山丹、远志，玉玲花争艳怒放，鹰、雕、鸷、隼、鸿雁、鬐雁、喜鹊、寒鸦、鸽子翱翔争鸣，让这片大自然缔造的独特风光分外妖娆。从峡谷南侧河岸上耸立的两座圆鼓巨石里喷涌出来的泉水叫作波日宝力格泉。每逢冬季，波日宝力格泉水便朝上冻成尖状，犹如银色白塔绚丽夺目。峡谷东侧山崖延伸的如燃烧的火焰般红色岩石叫作青山口（青乌拉音阿木）。那座闻名的青石就坐落在近20米高的紫色岩石咀上，就像5个哈那蒙古包大小的，黑褐色底带白色脉纹的，如法轮形状的鹅卵岩石。

古时候，成吉思汗为征服和统一蒙古诸部落而征战时，曾驻扎在位于普和寺（锡拉木伦庙）西南河岸上的叫作拜兴图的台地上。在此建造了储存军粮、兵器等军需物资的双层墙壁的小城池，将奥特奇山口的四块板石架支成桌子，而且经常在阿木古郎峡谷的青石上磨砺刀剑等兵器，以备征战，故称为"成吉思汗青石"，世世代代传承下来。

多年以来，在青石口子留下种种神奇的故事或气候变化无常的现象。日落黄昏时开始，经常听到似乎用巨大的榔头捶打铁钉的响声。寺庙喇嘛来此山口练吹佛号时，其铜号的饰环儿震动得竖立起来……至今有老人们讲，曾有四子部落旗两个财大气粗的牧主因嫌恶此石，

阿木古郎峡谷全貌

便用皮绳套套上七头牤牛拽拉，也未能拉倒巨石而无奈返回。自从在若希根普勒山南麓建造锡拉木伦庙以来，各个寺庙喇嘛僧侣们携带帐篷蒙古包来此宿营，每年四月举行大规模的祭奠仪式。在青石上挂戴彩饰，系上哈达，摆放奶皮黄油、奶酪点心，点燃熏香，进行驱秽洗礼。同时，也有中外各地游客前来参加朝拜青石祭奠。在祭奠仪式上，要将牛羊的肩胛骨挂在青石上。普和寺的资深喇嘛们也要会集于青石口，进行演讲答辩授予学位称号。有的法师喇嘛在夜深人静时来此吹奏甘登（法器）唢呐，敲打色登（法器）摇鼓。可想而知，该青石口一度成为佛门清净之地。遗憾的是，在"文化大革命"时期，作为大自然的奇观、本地区的美景、众人所敬仰的神圣青石被炸毁，只剩下3块黑色石头，寂静地卧在山岗下边。那一眼喷涌泉水也消逝得无踪无迹。

元代敖包群

"敖包"在蒙古语中意为凸起的堆子，是北方草原民族特有的一种原始文化遗存，它寓意深刻、特色鲜明，承载着多种文化元素和民族、宗教理念。

遍布于四子王旗境内的敖包群落，按形成时期大致分为元代、清代和近现代三个阶段。属于元代的有汗乌拉山敖包群、扎木敖包，属于清代的有东八号白彦敖包、王爷敖包、查干敖包、白彦敖包、脑木更敖包，属于近现代的有格根查干敖包、知青敖包。在众多敖包中，最具代表性的是堪称博物馆的元代敖包群（汗乌拉敖包群）。

汗乌拉敖包亦称元代敖包，始建于元初，由于这座敖包的缔造者

元代敖包群

元代敖包群

忽必烈可汗身世不凡，所以赋予敖包的政治、军事、宗教文化使命也非同一般。这座敖包自古以来就名声显赫。

　　汗乌拉敖包坐落于四子王旗乌兰花镇北40公里处，红格尔苏木境内塔布河（蒙古语"塔布汗"河流，在历史上曾经有五位蒙古可汗先后到此巡幸，由此命名为"塔布汗"河，属锡拉木伦河的上游河段）河畔的汗乌拉山上。汗乌拉山是一座西南—东北走向的山，四面平缓开阔，该山高约300米，从下面看是一些狼牙状的天然石崖。但其实是一座古堡形三叠式结构的大敖包，大敖包东北还陪衬着100余座小敖包。这就形成了我们现在所见到的颇为壮观的元代敖包群。元代敖包群堪称内蒙古自治区敖包之最。

　　三叠式结构的主体敖包，位于环形过道的中央，环形过道宽1米、高1.5米，进出口置于东南角的背地，祭台置于敖包西北角的暗处，这与其他敖包的设置恰恰相反。敖包底部周长87米、高7米；中层周长为23.5米、高1.2米；上层周长10米，上层加上去的圆锥体高度为2米。椎体顶部插有一个火焰形铁质器械。器械标明了敖包的排列走向为西南—东北向。敖包底部的东北方有一开口向东北、宽70厘米的巷道。由巷道登第二层后，绕半圈有一白色石盘凿制而成的石池，也就是祭祀用的香坛，香坛下摆放着写有经文的旗子。敖包中央的苏鲁锭桅杆上，曾经悬挂着一口铸铁大钟，钟舌下端有一条很长的绳索，站岗哨兵一旦发现异情便拉响大钟，洪亮的钟声可以传遍方圆数十里，使得士兵能够立即转入作战状态。

站在环绕敖包的过道里，四子王旗境内的大型敖包尽收眼底，而且与前后左右远隔百里之外的大型敖包遥相呼应。相传，汗乌拉敖包与达尔罕茂明安联合旗境内的"英格图"敖包为"夫妻敖包"，那座敖包的造型款式及祭台的设置方位与汗乌拉敖包大体相似。

从敖包四周捡得铁质箭头、甲片和瓷碗、瓷罐残片，经专家认定系元代遗物，说明了敖包至少是从元代开始一直沿用至今。再结合山上所发现的元代建筑构件分析，山上在元代还驻有守护驿路的士卒，应该说这座曾作为军事哨所的敖包兼有祭祀和守望的双重功能。它对于研究我国古代北方草原的游牧文

汗乌拉敖包

化、宗教信仰、民族风俗、驿路交通等都具有重要价值。

杜尔伯特草原上的一些典型敖包，除了负有守护生态文明的共性

使命以外，还担负着民族性的政治、军事、宗教祭祀等文化使命，见证了四子部落渴求人与自然和谐相处、天人合一的游牧文明的历史。

金长城遗址

金长城是由我国北方少数民族女真族执政之时，修筑的除秦汉以外的又一道"万里长城"。金朝是中国历史上的重要朝代之一，由女真族完颜部阿骨打于1115年建立。1189年完颜（原名麻大葛·世宗孙）继世宗为帝，称金章宗，章宗在位期间，为了防御北方草原另一支兴起的游牧民族蒙古族的南进，修筑了一条东起今呼伦贝尔市莫力达瓦达斡尔族自治旗，西至呼和浩特市武川县大青山北麓的金长城，至今已有800多年历史。因长城内侧有墙，外侧有壕，故习惯上称"金界壕"。

金代长城全长（含副线）5000余千米，跨越中国、俄罗斯、蒙古国等国家，在我国主要分布于内蒙古自治区，此外在黑龙江省、河北省境内也分布有部分段落。在内蒙古自治区乌兰察布市境内有两条遗迹，东西穿行于四子王旗境内两条长城的长度之和约330千米。干线由内蒙古自治区锡林郭勒盟、河北省经康宝进入化德县，又西经商都县、察哈尔右翼后旗、四子王旗和达尔罕茂明安联合旗，折向西南从

金长城遗址

武川县西部进入大青山主峰消失。另一条是从蒙古国进入四子王旗，在四子王旗巴音补力格与干线长城相会。这一巨大的军事防御工程，其特点是由外壕、内墙构筑而成。又在城墙上附筑了烽燧、马面（突出墙面的墙体），靠墙的内侧修建了戍堡，布局严密，利于防守。墙、壕的构筑方式多为就地取材，外侧挖壕取土，内侧堆土筑墙，个别位于山地丘陵地段则用石块垒砌，此外还因地制宜巧妙地利用山脉、河流等作为防御设施。

后来明长城在建筑设计、布局及配套设施等方面就有许多地方吸取了它的建筑优点。但金长城因其建筑时间紧迫，修筑质量较差，故在使用若干年后就遭毁坏。为了补救毁坏的金长城，原金长城向北、向南延伸数十里，因此，出现金长城遗迹较多的现象。

金长城在四子王旗保存较好的当数红格尔苏木向西到达尔罕茂明安联合旗额尔登敖包之间那一段。从自然环境上讲，这里纯属牧区，几乎是人迹罕至，除自然损坏外，根本没有人为的破坏。从历史角度看，这一段要比红格尔苏木以东的那段修筑时间晚一些。翻开南宋《蒙鞑备录笺证》，书中记载："章宗又以为患，乃筑新长城，在净州之北"。这又告诉我们，这段长城的修筑时间为明昌年间（即1190—1196年）。因较其东的长城修筑时间晚一些，故称之为"新长城"。因此，这里不仅保存有坚固的城防、完整的体系、林立的烽台，而且还有浩瀚的草原、奔腾的骏马、雪白的羊群。长城起伏盘旋在我们这块绿洲戈壁上，俨然一条遨游苍穹的巨龙，气势磅礴，威武雄壮。在这里，长城的概貌可一览无余，是旅游者的好去处。

金长城在我国长城发展史上，它是介于秦汉长城、明长城之间的一个承上启下的重要阶段，也是我国悠久历史和文化的代表性建筑之一，同时还是世界上体量最大的世界文化遗产，2001年6月25日被国务院公布为第五批全国重点文物保护单位。

元代名城净州路

净州路古城址，位于乌兰花镇西北25公里，吉生太镇糖坊卜子村委会城卜子村东。城址坐落在一个冲积平原的台地上，东侧为塔布河，南侧为丘陵土坡，西侧500米处为城卜子村民住房，北侧为一片盐碱地。主城西南角凸出一块小城为孔庙所在，小城南面积为81000平方米。城墙全部为夯筑。西南角和东南角

净州路遗址位置图

均有角楼。主城西北角有角楼，东墙的南端和南墙的东端被河水冲毁。据标本认定，该城址的时代应为金、元时期。2006年5月25日国务院批准并公布为第六批全国重点文物保护单位。

古城主城大致呈长方形，面积为640000平方米。主城的东墙、北墙长800米，西墙、南墙长900米。城墙残高约0.3—2米。古城的东、南、西三面环山，北面地势开阔平坦。锡拉木伦河上游的塔布河河水由南山缺口向北从古城东侧流过。古城西墙外侧300米处原来曾经立有石羊、石狮、石人各一对。石人一为文臣、一为武将。

城内由于耕种农田，建筑布局已很不清晰。经试掘，东、西两门间有一直通的横街，这条横街与城中央通往南北的南北大街相汇成丁字街，在东西大街的南侧还有3条纬向的小街，这些小街都与南北大街相交。这就把城内南半部分为8个街区。城内有建筑台基数十处，在西南角突出的那一块小城内，原立有儒学碑一座，碑高1.75米。中华人民共和国成立前移至呼和浩特，现存内蒙古博物院。碑阳镌刻"大德十一年加封孔子制诏"，碑阴因多年磨损，字迹已模糊不清，但明确刻有"净州路"的字样。此碑文

净州路古城

字是唯一确定净州路的依据。

从碑文落款年号来看，净州路早在大德十一年（1307年）以前就设置了，那么这座元代古城从始建到现在至少也有700年的历史。

古城现在虽为废墟，但城内埋藏的文物较多，经常有生活用品出土。如：瓷片、陶片、粗沙黄绿釉的瓮片，钧窑、龙泉窑等生产的瓷器碎片。金黄色的琉璃瓦和金、元时期的长条砖，尤以城内西部较多。古城北墙部分被洪水破坏，但遗迹还较清晰。

据马祖常《礼部尚书马公神道碑》载："汪古部族居静（净）州之天山。"由此可见，金、元之际在大青山以北是汪古部族活动的地方。这个部族是唐朝末年从新疆一带迁徙而来的。金朝时，曾为金王朝守卫界壕。13世纪初，汪古部曾帮助成吉思汗灭掉乃蛮部。在灭金攻宋的战役中屡建战功，为此，成吉思汗与其相约，世世为友，代代通婚。元宪宗二年（1252年），蒙古汗国确定将砂井（红格尔苏木大庙古城）、集宁路、净州路、安打堡子四处的土地及人口划归汪古部管辖，在阿剌海别吉被封为监国公主后，其势力扩展到阴山以南的丰州、云内州和东胜州一带。

另据《遗山先生文集·恒州刺史马君神道碑》载："居于净州之天山"的马氏汪古，因"此地接近边堡、互市所在，于殖产为易……自力耕垦，畜牧所入，遂为富人。"这就说明当时的净州是一个极为重要的贸易市场，各个国家、各个民族的富商大贾来往不绝，也使当时此地流行各种语言，黄溍在《金华黄先生文集·马氏世谱》中说：古城内有锡礼吉思和他的外甥等人，精通多国语言文字，他们在那个时候就干起了翻译工作，解决了互市贸易中的语言沟通的问题。

净州路也是古代商业活动中心，这在考古发掘中得到证实。如：净州路发现大小铜权各1个，其中大铜权上铸款为"南京皇甫"，大圆底座，重量为10斤，高15厘米；小铜权上铸款"至元九年（1272年）留守司发"八字，重量为1.5斤，高10厘米（现存内蒙古博物院）。铜权，俗称秤砣。度量衡的发现，又一次证明了这里当时就已有先进的商业行为了。交易的大宗商品大致是这样的：由净州运往中原的物资以皮毛、牲畜、肉食品及各种土特产品为主；由中原地区运往净州的商品大致以茶、瓷器、丝绸、盐为主。此外，还有各种日用品。这些南来北往的商品都集中在这里，又由这里分别运输出去。由此可知净州路原来是元代木怜道上的重要驿站。官民往来络绎不绝。它不仅是分遣龙节虎符通报边境军情警报的必经之路，还是诏使往返、官吏迁调、军队调动、粮驿运送的中转站，同时又是漠北及木怜道沿线诸王贵戚每年去大都或上朝会的必经之站。而木怜道又是元代漠北通往中原最为畅通和最为便捷的交通主干道之一。

曾经净州路的繁华可想而知，它不愧是元朝时期的名城，现在虽然映入眼帘的不是当年巍然屹立的官苑府第，也不见威严林立的教堂和孔庙，更没有昔日熙熙攘攘的来往客商，原本的高大建筑物现在已变成一片废墟，只有散布在古城地表的各种遗迹和遗物，但正是这些东西，为我们诉说着它往日的辉煌。

四子部落郡王府

四子部落郡王府，又称王爷府，坐落在四子王旗乌兰花镇东北24公里的查干补力格苏木驻地，紧靠通往格根塔拉草原旅游中心和苏尼特右旗的公路左侧。王爷府倚靠河床，河床长满芨芨草，四边平坦无障碍物，为典型的草原景色。原建筑面积2800平方米，现存建筑面积为

郡王府

郡王府

2439平方米。王爷府是唯一幸存的清代札萨克郡王府，曾是封建王爷执政和居住的地方。清光绪三十一年（1905年）第十三代王爷勒旺诺尔布在查干补力格大兴土木，筑厅建府，形成了现在的王府。该府建成后先后经历了三代王爷，共计44年。清光绪三十四年（1908年），在王爷府右侧又建了府庙，从此喇嘛、活佛纷纷云集，显贵要人不断前来。四子王旗历经十五代王爷，历史上杜尔伯特部在乌兰察布盟各旗中级别最高，被封为郡王，长期处于重要地位。

王爷府由札萨克王府及衙门等组成。府内设前后2个厅：前厅供王爷执政用，后厅供王爷和福晋

居住用。整个王府建筑为磨砖对缝，筒瓦盖顶，砖木结构的殿庑式建筑，红柱回廊，雕梁画栋，屋脊上刻有蒙古文篆字砖雕"永恒"字样，既有体现宗室气派和威严的建筑，又有来自民间精巧的装饰风格，堪称王府建筑与藏式建筑艺术的完美结合，具有清末宫殿式建筑的特点。另王府还建有家庙，家庙由两座独贡和舍利塔组成，位于王府右侧的

家庙祭祀

两个独贡均为藏式建筑，古色古香，别有韵味，是喇嘛念经的场所。常驻庙喇嘛40余名，最盛时住有100多名喇嘛。自此，王府作为一个地名远近闻名。直到近代，这里还吸引着国内外许多旅行家和探险家前来旅游、探险。世界著名的探险家斯文·郝定于1932年也曾造访过四子王府，与当时的王爷留下了极其珍贵的照片资料。

今天的王爷府虽历经风雨，但它却成为杜尔伯特部悠久历史文化的实物载体，其历史文化价值可见一斑。1996年，王爷府被自治区人民政府批准并公布为第三批重点文物保护单位。2013年，王爷府被国务院核定为全国第七批重点文物保护单位。

犀牛化石群

四子王旗哺乳动物化石极为丰富，曾被世界公认为亚洲的"标准地层"和"标准动物群"，是古动物发源地和成长的摇篮，是我国及世界哺乳动物化石研究的宝库。在20世纪初，美国、法国、瑞典、日本、加拿大等国的古生物学者及专家都曾先后来这里进行过考察。这里既是著称于世的"化石之乡"，也是中外地质学家、古生物学家考察与注目的中心。

1991年9月，在乌兰花镇南出土距今800～500万年前的犀牛化石群，经专家鉴定，这批犀牛化石均为大唇犀，是国内罕见的大唇犀化石带，也是我国唯一一处原地埋藏的三趾马动物群，化石中有大量

犀牛化石

化石宝库展厅

的大唇犀、古鳞、羚羊、剑齿虎等。

　　化石埋藏在距地表 5 米的红色泥岩层内，初步探明化石集中分布在宽 5 米、长约 30 米左右的古河相地层中，呈东南—西北向的带状分布，揭露面积约 150 平方米，出露犀牛化石个体 20 多具，包括 20 个犀牛头骨及脊柱、四肢等。埋藏在

犀牛化石

原生地层的这些犀牛化石骨架，不论是相互间纵横交错，还是层层叠压，均保存着犀牛死亡的原始状态。大唇犀属哺乳动物，是新生代第三纪中新世晚期的一种生物物种，喜欢生活在炎热的河湖地带，它身体笨重，头上无角，下颌长有两个大獠牙，是犀类中的奇特成员，也是我国及世界珍贵古动物之一。

　　大自然为我们保留下来的这些珍贵资料，无疑为我们研究大唇犀的形态构造、地理分布及恢复四子王旗的古地理、古气候提供了科学依据，同时也为研究蒙古草原犀类的演化历史提供了具有很高学术价值的资料。

塞北古刹——锡拉木伦庙

　　锡拉木伦庙位于四子王旗红格尔苏木驻地，是全旗最大的喇嘛教召庙，是第四批自治区级重点文物

锡拉木伦庙

保护单位，始建于清乾隆二十三年（1758年），由第一世活佛罗布森丹巴热布杰亲自选址而建，距今已有250多年的历史。第一世活佛罗布森丹巴热布杰被班禅额尔德尼封为"额尔德尼莫日根达尔罕堪布"（佛教职位），并为该庙赐封藏名"热希磐第灵"。清嘉庆元年（1796年），嘉庆皇帝对该庙赐名，藏语称"宫宁灵"，蒙古语称"浩特拉额伊勒图索木"，汉语称"普和寺"，并颁发了金字牌匾。该庙因坐落在锡拉木伦河东岸，人们因袭河名而习惯地称其为"锡拉木伦庙"。

整座召庙占地约1平方公里，全庙5座独贡（喇嘛颂经处）、4座拉布仁（寝宫）、4个庙仓（存放财物之处）、200余间僧舍错落有致地形成了东西4华里、南北约2华里的气势宏伟的佛教建筑群。住庙喇嘛在兴盛时期曾达1500名，成为名副其实的"塞外布达拉宫"。正因为该庙的规模如此之大，后来人们取其宏大之意，俗称其为"大庙"，在内蒙古、青海、西藏等地有较大影响。

锡拉木伦庙在整体上是清一色的藏式建筑，它的建筑规制之高，装饰手法之精，堪称藏式建筑艺术的完美体现。5座独贡白墙紫顶，雄伟壮观。神鹿、法轮等各种镏金铜质圣物法器布满殿堂屋顶。数丈高的玛尼杆上彩色经幡随风飘扬，清脆的风铃声不绝于耳。5座独贡分别为：朝克沁独贡（大雄宝殿）、却仁独贡（辩经殿）、卓特巴独贡（密文化之精粹。其中在朝克沁独贡和卓特巴独贡中，分别供奉着身高丈八的铜铸镀金弥勒佛和无量寿佛，造型端庄，工艺精湛。后殿内供奉着精美的佛像，尤其是朝克沁独贡的后殿北墙上悬挂着一直保留至今的高约7米、宽约5米的罗布桑丹巴热布杰坐床画像，画像中罗布桑丹巴热布杰头戴尼仁帽，五心向上端坐在那里做着佛事。

锡拉木伦庙曾经有过5位住持喇嘛，经历了六世活佛。

中华人民共和国成立前，美、日等国宗教界人士也多次在此进行佛事活动，是一座在中外享有盛名的草原古刹。现在，锡拉木伦庙上的经会祭祀比以前少了许多。主要有：农历正月为期10天的"茂罗木"祈祷法会，俗称"大发愿"经会；四月份有3天的莫格吉木经会；五月份有7天的玛尼经会；六月份有

白塔

宗殿）、赛乎勒森独贡（护法神殿）、乃登独贡。每个独贡都有地毯、柱毯、挂画，四壁绘有精美的壁画，悬挂着用木制框装饰的各种佛像，还有相当数量由上等木材雕刻而成的供桌和无数供灯。每个独贡中，铜铸镀金或银铸镀金的大、小佛像，佛灯、香炉、供盘等寺庙佛法用品，以及清朝皇帝、达赖班禅和地方官员赏赐、赠送的各色珍贵物品不计其数。尤为珍贵的是各个独贡、拉布仁内的重彩壁画、民族图案、唐卡，多出自蒙古僧侣、画师之手，实为民族

锡拉木伦庙壁画

锡拉木伦庙

7天的甘珠尔经会；八月份有4天的却德格经会；九月二十二经会；十月二十五的佛灯节经会；腊月有3天的年末经会。全年除了上述36天经会外，每月初八、十五、十六和二十九还要举行一些例行经会。

每年夏、秋两季来庙进香、礼佛和观光游人络绎不绝。登临北山，可见抗日战争时遗留下的战场、碉堡、弹痕，再向西北行4公里可一览金长城风采。向西南行1公里，锡拉木伦河西侧的半坡上有金、元时期兴盛的"砂井总管府"遗址。向南行约5公里可领略奥特奇沟的自然风光。

六世活佛嘎拉森图布敦耶希扎木苏于1956年10月4日在中南海怀仁堂受到了毛泽东主席和周恩来总理等党和国家领导人的接见。1979年5月，参加全国民主青年联合会第五届代表大会，受到了华国锋、李先念、邓小平等党和国家领导人的接见。先后任四子王旗政协

副主席、乌兰察布盟政协副主席、自治区人大代表，当选自治区政协委员等职。

驼道遗址

驼道遗址起点位于江岸苏木夏布格嘎查塔日雅龙，西行经扎木敖包、夏布格嘎查驻地北、乌日图、吉斯木哈尔、花井，向北拐继续行至中蒙边境原边防三连哨所所在地西北1.5公里处结束，全长约76公里。它不仅是连接中国长城以南地区与北方草原地区的要道，而且是连接中国与蒙古国欧洲的一条草原丝绸之路。

如今原有繁华的万丈红尘在一片戈壁草原之上显得冷清、寂寥。但是，那些牵着骆驼做生意的驮帮们，在这条商道上也曾留下了许多凄美的故事，在历史长河中，成为真正的不朽。再想当年从驼道上往返运输的一批又一批的大宗货物，那些精美的貂皮银器，那些珍贵的东方丝绸，在粗砾的黄沙中穿梭，

驼队

驼队

似乎让人听到了当年的驼铃声，也仿佛让人看到了东西方文明在这里的碰撞，文化在这里的传递。

经常生活在城市里抑或常坐办公室的人，也许你需要用美丽的风景来调整心情，需要用厚重的历史来强大内心，感受前人行千里路的壮志豪情，那么建议你选择这条昔日的驼道，去体会茫茫戈壁草原的苍凉大美带给你的巨大冲击。

驼道遗址

砂井总管府古城

砂井总管府城址，位于乌兰花镇西北 64 公里处，红格尔苏木红格尔嘎查西南 1 公里处的半坡上。城址坐落在一个西南高东北低的坡地中。东侧 100 米为锡拉木伦河，南侧为东西向的山梁，古城南北两侧各有一道东西向的、西高东低的冲击沟，北侧 500 米有一条东西向的草原路。城址大致呈正方形，南、北城墙的长度均为 565 米，东、西城墙的长度均为 565 米，面积为 31.9225 万平方米。墙宽均为 15 米，墙高 1～3 米不等，东、西、南、北墙的中部均有城门，其中，东城门、北城门均为瓮城门，城门宽度为 25 米，城门进深为 20 米。东瓮城门南开，北瓮城门东开。东墙筑有 6 座

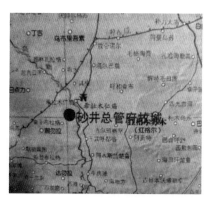

砂井总管府遗址位置示意图

马面遗迹，东城门南北各有3座，马面底宽为12米，在城墙外侧凸出4米。马面与马面之间相距60～70米不等。四角有角楼，角楼存宽为14～18米不等。西北角的角楼的遗迹已被洪水冲毁，西南角角楼遗迹存高在6米以上，东南和东北角角楼的存高为2～3米不等。城墙外侧四周筑有两道护城河，河宽8米。城内有"十"字形大道，南北街道宽约75米，东西街道宽约80米。俯看整座古城，呈半浮雕状田字形，把整个城内分成了大约相等的四个小城区，每个小城又都呈正方形。在距西门约60米处的街道上有一较大的建筑台基。城内地表遗物不多，主要为各式瓷片。砂井总管府古城址距金代界壕4.7公里，是金代西南路固守边疆的前沿指挥部。它对边疆稳定、互市贸易具有特殊的历史意义。据标本认定该城址的时代应为金、元时期。2006年5月25日国务院批准并公布为第六批全国重点文物保护单位。

红格尔抗战遗址

红格尔抗战遗址，位于乌兰花镇西北65公里处，红格尔苏木红格尔嘎查锡拉木伦庙北山。遗址坐落在红格尔山的山顶部及沟内。东侧为红格尔至脑木更苏木的柏油路，南侧山脚下为锡拉木伦庙，西侧为南北向的锡拉木伦河，北侧为丘陵山地。遗址内可见碉堡21座和石碑一座，遗址大致呈长方形。遗址内的碉堡始建于1936～1937年。大部分碉堡是国民党第三十五军四二二团的一些营和连建造。

1936年，日军为了顺利占领绥远，于当年的11月2日向红格尔发起进攻，国民党驻军在阵地坚持七昼夜，傅作义接急报后，派孙兰峰兵团和阎锡山的骑兵团、炮兵团前往增援。9日进行反击，激战6个小时，敌人伤亡惨重。

红格尔抗战遗址碉堡"卫国卧狮"
（西南—东北）

二道沟遗址

二道沟遗址，位于忽鸡图乡活福滩村西南约 7 公里处。遗址坐落在一个四周环山、东西约 500 米宽、

二道沟革命遗址位置示意图

南北狭长的一个山沟内，是八路军游击队抗击日本侵略者的革命根据地之一。沟内住有十几户人家，村东侧有一道南北向的季节河，整体地形为南高北低。在大青山北麓、天干河畔活跃着一支抗日游击队，当时范建国任武川县一二联区区长，孙库任区游击队队长。他们经常在这一带活动，声东击西地开展游击战争，动员群众共同抗击日本侵略者，经常在二道沟村停留吃住。渐渐的，范建国与孙库领导的区游击队成了日本侵略者的眼中钉。

原先东沟里有多个烈士墓，后迁往乌兰花镇烈士陵园。遗址大致呈正方形，面积为 5324 平方米。

大青山游击队在活福滩二道沟牺牲的烈士共 12 人。

庙后烈士陵园

庙后烈士陵园，位于忽鸡图乡东南 1.5 公里处。陵园坐落在南高北低的地势中，东侧为丘陵土坡，北侧 300 米为忽鸡图乡敬老院，西侧 2 公里处是槽碾凹村。陵园呈长方形，东西长 45 米，南北宽 35 米，面积为 1575 平方米。

庙后烈士陵园始建于 1965 年 5 月 23 日，陵园大门朝北。园内有纪念碑一座，正面刻有"烈士们永垂不朽"，背面碑文漫漶。园内安葬有 18 名烈士遗骨，前排从北向南依次为樊明华、龚华、李斯、闫德旺、武生义。中排从北向南依次为贾队长、南海珍、陶谦、高清华、刘科长、杜金山。后排从北向南依次为刘德

纪念碑

烈士陵园

旺、杨六财、喜喜、刘俊、郭二肉旦、赵玉兰、无名氏。每年清明节，乡直机关、学校组织干部、学生前去祭扫。

四子王旗革命烈士纪念塔

始建于1965年的乌兰花烈士陵园（南梁）是四子王旗革命烈士纪念塔的前身，原占地面积370平方米，建筑面积425平方米，为砖木结构。安葬参加抗日战争、解放战争的烈士63名，这些烈士多为在四子王旗二道沟、席边河等多地与日寇、国民党作战牺牲。其忠骨先后由各级人民政府在其牺牲地群众的帮助寻找下，陆续入陵安葬的。为褒扬他们的不朽功绩，为此在乌兰花镇修建烈士陵园一座。

革命烈士纪念塔

1986年旗政府重新选址，在乌兰花镇东梁顶端新建了现在的四子王旗革命烈士纪念塔。四子王旗革命烈士纪念塔广场呈长方形，占地面积1421平方米，纪念塔底座平面为正方形，建筑面积421平方米，纪念塔西侧为汉文行书书写的"革

清明节师生祭扫烈士墓

命烈士永垂不朽"，东侧为蒙古文书写的"革命烈士永垂不朽。"底层平台是烈士骨灰陈列馆，面积60平方米，安放了63名烈士忠骨。先烈们把生命献给了他们热爱的祖国和人民，只留下一个个平凡而又崇高的名字。

四子王旗革命烈士纪念塔现已成为一个主题突出、特色鲜明的旗级爱国主义教育基地。每当清明节，旗委政府组织机关干部、职工、学校师生、驻军官兵，还有自发前来的住地居民，聚集在烈士纪念塔前，举行悼念活动。重温英雄事迹，缅怀革命烈士，弘扬以爱国主义为核心的民族精神。

神舟家园·四子王旗

草原览胜

HUASHUONEIMENGGUSiziwangqi

草 原 览 胜

CAOYUANLANSHENG

神舟着陆地、元代敖包群、丹霞大红山、千古胡杨林。马头琴悠扬，奶茶醇香，酒歌豪放，哈达真诚祝福。吉祥草原四子王旗欢迎您。

神舟着陆地

飞船从内蒙古升空，航天员在内蒙古着陆，这是伟大祖国赋予内蒙古无上光荣的责任。从大漠戈壁到茫茫草原，伴随着人造卫星、神舟飞船、探月工程的步伐，内蒙古一直在用自己的方式为祖国的飞天梦贡献力量，并一次次见证祖国航天事业的飞跃。

中国唯一的载人航天主着陆场，就位于内蒙古乌兰察布市四子王旗。载人航天主着陆场所在地四子王旗的阿木古郎草原（蒙古语意为平安、吉祥），属沙质草原，坡度、坡长都很小，有利于飞船平稳着陆。

回望历史，25年前，1992年，我国载人航天工程正式启动；1999年"神一"实现天地往返重大突破；

神五返回落点

实践十号成功返回

杨利伟

牧民在八音宝格达山观看神舟十号发射

2013 年 6 月 26 日，神舟十号返回舱顺利着陆

神舟十一号回收保障

神舟七号航天员景海鹏、翟志刚、刘伯明

2003 年"神五"成功使中国成为世界上第三个能够独立开展载人航天活动的国家;"神六"多人多天飞行;"神七"实现中国历史上首次航天员太空漫步;天宫一号试验短期驻留;神舟八号进行了与天宫一号的交会对接;神舟九号首次验证了手控交会对接技术;神舟十号开展了载人天地往返运输系统的首次应用性飞行;神舟十一号,完成航天员中期驻留的任务。内蒙古阿木古郎草原,敞开温暖的怀抱,拥抱神舟飞船和探月飞行器及各类科学实验卫星"回家"。

自 1999 年 11 月 20 日神舟一号发射至 2016 年 11 月 18 日神舟十一号载人飞船航天试验任务的圆满成功,标志着中国载人航天工程百年"中国梦"取得重大突破。当杨利伟、费俊龙、聂海胜、翟志刚、刘伯明、景海鹏、刘旺、刘洋、张晓光、王亚平、陈冬几位航天英雄的脚步踏上这片神奇的草原,蒙古族姑娘手捧圣洁的哈达,为航天英雄献上草原儿女最真挚的祝福。

为确保飞船返回舱搜救任务各种车辆的通行,四子王旗修建了从旗政府所在地乌兰花镇到红格尔苏木的神舟路。守望飞天梦,四子王旗,是中国航天事业的平安良港、吉祥福地。四子王旗也因此被誉为"神舟家园"。

四子王旗依托神舟回收地品牌效应,兴建神舟回收地纪念碑,打造神舟主题公园、神

2016 年 11 月 18 日,神舟十一号返回舱成功着陆

舟家园住宅小区、神舟酒店、神舟广场、神舟酒等以神舟命名的品牌和商标，形成了浓郁的神舟文化氛围和神舟品牌效应。

"神舟家园，嫦娥天地"，这一镌刻在内蒙古人心里的标语，是内蒙古以行动护航中国航天事业的庄严承诺。

景区雕塑

美丽的格根塔拉

格根塔拉蒙古语意为"辽阔明亮的草原"，距自治区首府呼和浩特市128公里。格根塔拉草原旅游景区是内蒙古自治区五大草原旅游景区之一，是全国首批4A级旅游景区（点）之一。

杜尔伯特大草原孕育了灿烂的游牧文明，民族风情浓郁，以蒙古长调、民族舞蹈、马头琴和民族服饰表演等为代表的民族文化艺术；以摔跤、赛马、射箭、蒙古象棋和马术等为代表的民族体育运动；以奶食品、手把肉、烤全羊等为代表的蒙古族风味食品；以草原那达慕、草原婚礼、祭敖包等为代表的民俗活动，在这里都将为你呈现。

传统包、现代包、豪华战车包近400顶，其造型奇美，风格迥异，与草原相得益彰，形成了一道亮丽

格根塔拉旅游区

晚霞中的格根塔拉草原

的风景线。气势雄伟的那达慕会场、装修典雅的千人大厅、豪华的舞厅、温馨的桑拿、醉人的篝火晚会等。这里浓缩了塞北草原民俗文化的精华，是你观光生态草原、体验民俗风情、休闲避暑度假的首选之地。

当你到达旅游点时，首先映入眼帘的是身着民族服装、手捧哈达的礼仪队伍，她们高举斟满美酒的银碗，以高亢悠扬的敬酒歌欢迎远方的客人。当你接过美酒，姑娘为你献上圣洁的哈达时，你会感受到来自草原的盛情与祝福。

清晨，当东方还是鱼肚白的时候，三三两两观赏日出的客人们早已等候在那里，草原的日出是壮观且温馨的，伴随着冉冉初升的太阳，百灵鸟儿为草原唱起了晨歌，客人们一天的草原生活就这样开始了。

牧马人手握套马杆，赶着马群由远而近，不远处剽悍的小伙子们稳健地坐在了马背上，手握缰绳等待着赛马比赛的开始。一声哨响后，赛马手们像箭一样冲去终点，这就是赛马表演项目，客人们可以观看到骑手的精湛骑术。表演赛结束之后，可以选择独自骑上马匹，在草原上漫游，尽兴地体味草原牧人的快乐。勒勒车是游牧生活时期的运输工具留给现在的真实记载。如今坐惯了各种现代化交通工具的您不妨坐上一回勒勒车，享受一下原始独特代步工具的乐趣。草原上流传着"好汉三艺"之说，即摔跤、赛马、

65

草原景色

赛马

射箭。摔跤，蒙古语为搏克，它是力量与勇气的象征。披挂着特殊的蒙古摔跤服的跤手们，在赞颂英雄的长调歌声中，踏着狮子步、精神抖擞地拉开了竞技的战幕，经过几轮的淘汰赛后，最后的胜利者向人们抛撒糖果等，以感谢观众们的鼓励和热情。如果你不服气，可以接过跤衣勇敢地走上赛场体验一把跤手的快乐。在摔跤比赛进入尾声，

格根塔拉那达慕观礼台

人们还沉浸在胜利的喜悦之中时，套马表演开始了，驯马手向游客展示驯马的精湛技巧，游客的情绪也会随着烈马的猛蹿狂跳，时而紧张万分，时而激动不已，表演活动暂告一段之后，游客们可以乘车登上敖包山，去聆听敖包由来的动人故事，香火缭绕之中，祈祷平安健康，万事如意。

你还可以去到草原深处，去牧民家中作客，体验牧民生活。"赛音拜努"，蒙古语为"您好"，主人们一边热情地打着招呼，一边手托着毡包门，请大家进包作客。浓香的奶茶、自制的正宗奶食品，还有热腾腾、香喷喷的手把肉，主人手捧着美酒哈达，唱起了欢迎远方客人的歌曲，让你充分感受牧人的

格根塔拉旅游景区

热情和豪爽。离开牧民家返回旅游点时夜幕已降临，繁星闪烁，篝火晚会已经开始，"篝火晚会"这一草原独特的联欢娱乐形式给宁静的草原夜色增添了欢乐迷人的乐趣。你可以听着悠扬的蒙古长调，踏着欢快的舞步，尽情陶醉在美丽的夜色中。歌声、笑声，唱着、跳着、舞着，把晚会推向了高潮。夜深人静时，人们在圆圆的蒙古包里，进入甜甜的梦乡。

千古胡杨林

地处北疆腹地的四子王旗脑木更草原，物华天宝，物种千姿百态。在茫茫戈壁中，有一片历经千古沧桑的胡杨林，枝繁叶茂、郁郁葱葱，默默见证着旷古以来天地人间的风云变幻。

胡杨又名胡桐、异叶杨树，属落叶乔木，是当今世界上最古老的杨树品种，一棵树上最多的时候能长出五六种形状、大小不同的叶片，繁叶似锦、五彩缤纷，被誉为"活着的化石树"，其珍贵性可与银杏树相媲美。四子王旗胡杨林位于中蒙边境脑木更苏木黑沙图嘎查。现存有胡杨 300 多株，占地 500 余亩，属天然生长林，300 多年前即被发现并记载，是第三纪残余的古老树种，是我国仅有的三片胡杨林之一。

胡杨是一种极为罕见的珍惜生灵物种，是大自然漫长进化过程中幸存下来的宝贵物种。

在中国境内只有三处地方生长，西起新疆，经过中部内蒙古阿拉善盟，东至四子王旗的脑木更戈壁草原。胡杨早在一亿三千多万年前就已生长在地球上，是世界上幸

胡杨林

胡杨林

胡杨林

伴生植物红柳

存下来的最古老的杨树古生物。它是一种神奇的树种，也是一个多变的树种，春夏为绿色，深秋为黄色，初冬为红色。它也是一个坚强的树种，因而被人们赞誉为"沙漠英雄树"——活着一千年不死、死后一千年不倒、倒后一千年不朽。

胡杨是生长在沙漠的唯一乔木树种，具有喜光、耐寒热、耐旱涝、耐盐碱、抗风沙的特性，有很强的生命力。对温度大幅度变化的适应能力很强，能承受 -40℃的严寒与40℃的酷暑。

胡杨有着顽强的生存本能，根系十分发达，深深植根于大地，可以扎到20米以下的地层。树体内还能贮藏大量的水分，可防干旱。胡杨还有着特殊的机能，不受碱水的伤害；其细胞液的浓度很高，可从盐碱地下水中吸取水分和养料。如果折断胡杨的枝条，从断口处流出的树液蒸发后就会留下白花花的生物碱。

胡杨能够在蒙古高原干旱条件下生存，避免体内水分过度蒸发，兼备了多种树木生存性能。胡杨是落叶乔木，树高一般为10米以上，最高可达20米，幼树的嫩枝上密生柔毛。在同一棵胡杨树的上下层，生长着几种不同的叶片，真可谓奇妙绝伦，其上端是柳树叶，中端是榆树叶，下端则是枫树叶，这种三维结构模式不仅能够合理调节水分流失，而且还能充分吸收阳光雨露的滋润。胡杨的繁殖以根叶为主，在沙质土壤和水分好的条件下，寿命可达千年。胡杨生长较慢，它的叶子可作饲料，木材耐水耐腐，是造桥的特质材料，也可用于造纸和制作家具。胡杨林可以御风固沙、绿化环境、保护草原。由此，当地牧民就把多元植物性能俱为一体的胡杨树，看作是长生天赐予的神树。

在过去，脑木更地区的牧民固有用柳条来做套马杆杆稍的传统习惯，但谁都不敢去随意割取与胡杨林血脉相连、遥相呼应的一根柳条。凡是需要索取胡杨林周边柳条者，需要带上哈达及鲜奶、熏香和美酒之类的祭品，先去拜见那位守望胡杨林的传承者。由那位富有传奇色彩的老人来代替索取者，将胡杨神虔诚祭拜后，方可割取几根中意的柳条。

如今，令人欣慰的是，在古老沧桑的胡杨林下，生长出茂密的幼苗。在这片胡杨林四周，则是丘陵状错落起伏、密密麻麻、生机盎然的红柳丛、沙棘丛林，仿佛就是呵护胡杨林安然生存的守护神。

在脑木更草原每个牧人的心目中，胡杨是神圣而不可侵犯的生灵物种。他们把所有的生灵（包括动态与静态）物种看作是使命各异、缺一不可的天使，他们以其互敬相

偎的职能，齐心协力支撑着大千世界。人人都把善待生灵物种，呵护自然生态景观，当作义不容辞的神圣天职。胡杨能够从不计其数的古生物族群中幸存至今，除其本身天赋本能之外，很大程度上印记着游牧民族与大自然和谐相处的文明历程。

胡杨，是脑木更戈壁草原的一道风景线，它妩媚的风姿、倔强的性格、多舛的命运激发人类太多的诗情。

秋天，必须要去看一次胡杨林！它经过春风的滋润、夏雨的洗礼，当草原旷野降下第一次秋霜时，胡杨林便在不知不觉中，将整个沙漠染成了金色。肆无忌惮地释放着生命的能量，惊艳于天地间！

丹霞大红山

大红山也叫脑木更山，位于脑木更苏木所在地东北45公里处。山势南北走向，呈长方形，山顶较为平整。南北长约15公里，东西宽约10公里。这里虽然属无水草场，但雨季牧草茂盛，常有季节性水淖，是天然优良牧场。山顶上有数个敖包，其中最高的"乌罕特音勃尔和图敖包"，海拔1129.9米，山地特产"发菜"，闻名中外。2004年，内蒙古自治区人民政府将该区域建立为自治区级自然保护区。2014年，

国土资源部同时批准该区域为国家级地质公园和国家首批重点保护的化石产地。

大红山地貌的形成特征、属性特征、成因等与其他地区古近系有很大区别，它是由湖相砖红色砂质泥岩、砂岩、砂泥岩、河流相砂砾岩等岩石类型组成，这类岩石受到构造和外界自然风化作用、重力作用、水蚀作用等的侵蚀，经过地质

大红山

大红山

大红山

变化，使脑木更地区古近纪的红色岩层，发生了巨大的形态变化，逐步形成了当今形态各异的山状、峰林状的类丹霞地貌。该区域地质遗迹类型以古近纪哺乳动物化石群和古近系红色地层侵蚀地貌景观为特色。该区域的地质对于丰富古近系红层的研究具有重要的科学意义。同时该地层侵蚀地貌色彩绚丽、各种原生层理发育完整，在长期风化作用下，造型独特，具有极高的审美价值。

由四子王旗驾车一路向北，经四子王旗乌兰花镇通往脑木更苏木的公路，可以一直开到大红山顶，山顶上铺满了五颜六色的石子。它们颜色鲜亮，红色、绿色、白色、黄色，晶莹圆润；有的则表面凹凸不平，

被挤压得变了形，带着沧桑的痕迹。它们像是精灵，诉说着这座山体年代的久远和历经变化的纯粹与深沉。平坦的山顶长满了梭梭草，也叫补墩儿。在这里生长的植物，只有根扎得足够深、足够细密才能长出一些浅淡的绿来。有时扎在砂石和砾壤间的根部之粗壮和繁茂，要远远超过露出地表的小小的一截，从远处看，像是给苍茫的大红山戴上了一丛丛绿色花环，让人不禁喟叹生命的力量。

大红山上那一座座圣洁的敖包，都是大山的守护神。每年农历五月中旬左右，大红山周边的牧民们都会赶来这里祭祀敖包，祈求上苍保佑万物、国泰民安；祈求多降雨露滋润草原、人畜兴旺；祈求草原安泰、

大红山

家庭幸福、父母安康。祭祀礼仪结束后，大家围坐一起，一边观看搏克、赛马等活动，一边分享祭祀上苍后的供品。那时山顶台地和山下草场交相辉映，骏马、牛羊，还有驼群在悠闲地啃食，让红山、碧草风光独具特色。

再向边缘处走去，大红山台地从平坦处突兀跌落形成断崖，岩石携着红砂土沿山体滚下，冲向了地面。崖顶散落的岩石锈迹斑斑，崖面沟壑纵横，时不时有飞沙走石。有的像守望在山巅的沉默巨人，

有的像留着一头红色长发、咆哮着要挣脱山体的怪兽；有的则像一只只乖巧的小动物，在山坡上自由玩耍；有的像是红壤翻起的万丈波涛，绵延向远方，山下一条条河流蜿蜒而去的痕迹，那是它们迈向远

七层山

方的足迹。

如果幸运的话，在这里也能见到世界上罕见的动物——盘羊、黄羊、野骆驼、狐狸等。

大红山目前尚未开发，游人到此无不被其原生态之美所震撼。高大美丽的大红山，好似一匹骏马在奔驰。大红山下，是一望无际的大草原。蔚蓝的天空与辽阔的草原为伴，远处散落的牛羊与骏马为伴，牧人悠长的目光中除了辽远，也隐隐诉说着寂寞与忍耐。大红山始终沉默着的挺拔身躯，像是对天地诉说：生命必当斑斓，哪怕生着这样一副古旧的容颜。

道兰斯日博（七层山）

道兰斯日博，蒙古语，是七层山的意思。位于白音朝克图镇境内，总面积约75平方公里。此山由东西横亘的七道山梁组成。从南往北依次为拜兴期日博、阿拉台音斯日博、温根斯日博、混其日斯日博、敖包斯日博、乌林斯日博、达呼拉音斯日博，主峰敖包斯日博，海拔1716米，占地面积约10平方公里。

鸟瞰道兰斯日博，好似七道互不相连的天然屏障；近观又像七条巨龙相互争高斗顽。道兰斯日博四周沟壑纵横，泉水叮咚，牧草肥美，牛羊膘壮，很早就是乌兰察布草原上令人向往的天然牧场。地下蕴有

活佛避暑山庄遗址

丰富的萤石、石英等矿藏，位于镇东南的海底石林，千奇百怪，也是观光的好去处。

奥特奇沟

奥特奇沟是四子王旗草原上的一道天然沟壑。沟内地貌奇特。居高俯视，陡壁峭崖，险象丛生；徒步谷底，怪石林立，溪水潺潺；仰首眺望，苍崖跌宕，峭壁悬空。这里是历代活佛的避暑胜地，活佛避暑山庄即建于此。

奥特奇沟位于红格尔苏木境内，塔布河河谷上游，北距锡拉木伦庙10公里，其沟长约10公里，塔布河深切约30～50米。沟谷两侧，怪石嶙峋，形成各种各样的象形石。旱生的灌木花草生于岩壁上，构成一幅幅自然美景。沟谷内，塔布河蜿蜒曲折，间或有水鸟飞起，相映成趣。沟的北端是历代活佛避暑之胜地，现今仍清晰可见活佛避暑山庄的遗迹及石砌甬道。在部分巨石上还刻有王爷跪拜等石雕图。

奥特奇沟

奥特奇沟象形石

王爷礼佛图

这里夏凉冬暖，空气清新。据考证，过去草木茂盛，绿树成荫，还栖息着金雕、野鸡、盘羊等飞禽走兽，后来因人为的破坏，避暑山庄被毁，飞禽走兽也失去了栖息地，目前以保护生态环境为宗旨，正在将这一区域作为一个具有生态保护兼旅游娱乐功能的景区进行开发，与周边锡拉木伦庙共同形成独特的草原生态旅游区。

北苏门哈达（笔架山）

四子王旗北苏门哈达位于旗政府所在地乌兰花镇东活佛滩境内，距离乌兰花镇约20公里，是四子王旗的最高点，海拔约2100米，在广袤的杜尔伯特草原上显得雄浑壮观。北苏门哈达耸起的三座山峰紧连成山，像一笔架高耸在天空，因此当地人又称其为笔架山，当地有说法：这座山是玉皇大帝用过的笔架，凡登临此山，就能考中举人、状元。

在我国，以"笔架"命名的高山有十余座，均以象形而得名，而草原地区命名为"笔架山"的仅此一座。这充分显示出我国各地人民对文房用品的喜爱与重视，进而反映出民众对文化知识的向往。

关于它的来历还有这样一个美丽的传说。从前有一位活佛来四子部落旗格根庙主持佛事。随他而来的还有十数户较为亲近的属民。他们分散游牧于大青山北麓水草丰美的牧场上。一天凌晨，云雾迷漫，细雨蒙蒙，有一年轻妇女出来挤牛奶，当奶桶快溢时，她突然发现北山顶上飘来一块巨大的岩石，形状恰似家乡的苏门哈达，吃惊之余，她用冒着热气的鲜奶酹向巨石："佛爷保佑，福来！福来！故乡的山峰，祖先的图腾，请你留下来吧！"她虔诚地默念着招福经，祈求巨石留下来，苏门哈达似乎善解人意，在空中盘旋了一阵儿，最后定位于这里。

北苏门哈达在当地颇具神秘色彩，被认为是宝山。据传说，笔架山里生活着一匹金马驹，它白天不出来，每到深更半夜才出山活动，到天干河游玩。马驹金光闪闪，非常英俊。曾有外地人识得此宝，想用法术盗走它。他每天半夜登上山顶，见金马驹一出来便喂食一束青草。日复如此，一直喂了九十九天，第一百天深夜正要喂食，却被山下城隍庙道士发现，大喊一声，金马驹一惊，跑进山内。据说喂够一百天，即可用红头绳拴缚，收获此宝，结果只差一天，外地人未能如愿。因此，金马驹至今仍留在北苏门哈达山中。

北苏门哈达山势雄伟，交通便利，与周边的草原完美结合，保持了良好的自然景色。每到夏季，牧草青青，羊群散布，到处可见天干河中天然山泉水涓涓流淌，听山鸡、百灵鸟的欢快歌声，欣赏美丽的野花，高山、绿水、白云勾勒出一幅

笔架山

笔架山

生机勃勃的醉人画卷，还能看到四子王旗境内仅存的桦树林，以及马鞍石、仙人洞、雷劈石等景色。

乌兰花生态公园

乌兰花生态公园始建于2004年，位于乌兰花镇东南方向，地形地貌层次鲜明，山丘较多，为镇内最高处，站在公园即可鸟瞰全镇面貌，南侧紧邻乌兰花水库，总占地面积43万平方米，是镇内居民休闲娱乐的重要场所。

闲花野草闻香远，曲径回廊望影深。2017年，公园进行了提升改造，将人文景观和植物景观相融合，打造一个地域特色鲜明、植物种类丰富的生态公园。

出入口处，台阶随山势起伏，两边绿树成荫，花草葱茏。北侧主入口为展现乌兰花镇寓意特点，设

公园一角

计中加入"红山丘"造型绿地，与镇东红山梁相呼应；南侧出入口是用石砌成长方柱，圆木搭建木结构，展现东山之冠、鼎盛的意境。园内新增一处以"七彩童年"为主题的儿童广场，内设休息廊架、沙池等多种儿童娱乐设施，也是唯一一处专为儿童设置的活动场所。

改造后的乌兰花生态公园，增加了叠水景观、绿荫空间、廉政文化长廊、知青景观墙、展现当地蒙元文化特色的小品雕塑；在公园西

公园景观

儿童广场

公园景观

侧原有墙立面基础上增加四子王旗特色元素浮雕。

新增50多种植被，植物多为宿根性强、保水性好的本土树种。分层次的绿化修复，呈现出春花、夏荫、秋染、冬韵，步移景异、四季有景的景观。

为满足游人需求，方便管理，园区共新增2个停车场，4个环保卫生间，2个管理处，223个景观灯，73台监控摄像头，10套休闲座椅，60个垃圾箱，沿路设置40个音响。

改造后的生态公园为市区居民提供了一处良好而舒适的休闲场所。在很大程度上改善了周围环境，促进了人与自然的和谐发展，在提升文化品位、打造文化品牌、传承蒙元文化中起到了积极的作用。

四子王旗博物馆

四子王旗博物馆及地质广场建设工程是"四子王国家地质公园"建设的主要工程。项目规划总占地面积6万多平方米，博物馆于2011年开工建设，占地面积10700平方米，建筑面积达到17646平方米，该工程预算投资8500万元。

博物馆外观以红色为主，寓意四子王旗第三系红土地层，造型上远观像块巨石，近看又像一个躺着的马鞍，上面的塔形建筑代表神舟飞船，总体设计理念用三句话概况，即"石头记录着地球变迁的历史，马背传承着蒙古族草原文化，神舟实现了我国的飞天梦想"。

博物馆布展总体设计思路主要以"亘古四子王""人文四子王""草原四子王"及"航天四子王"为四大主线，以从古至今的地质、古生物、人文历史、民俗风情及航天科技为纽带，以精品文物、场景复原及模型展示为基础，以翔实的考察报告、真实的历史文献及杜尔伯特独有的民俗为依托，凭借四子王旗在中国航天发展中独有的地位，综合地展示了这片草原上人文历史、生态变迁、经济面貌及航天科学的发展，彰显了中国神舟家园新风貌。

地质广场及周边绿化工程项目占地约51000平方米，建设内容主要是广场铺装、周边绿化、停车场、雕塑安装等。

地质广场总体设计思路以脑木更大红山和格根塔拉草原的特色景观为依据，提取四子王旗独有的元素（如六旗会盟、三趾马、大唇犀、神舟飞船等）进行形象演化，再完美地融入地质广场的布局中，充分展示出这片吉祥草原上壮观的景色、丰富的人文历史、历经万年演变的地质古生物以及神舟飞船11次重返家园的骄傲。

博物馆及地质广场工程建成后将对加强地质遗迹保护、开展全民科普教育、推动全旗旅游发展和拉动社会经济发展具有重大意义。

草原四子王——民俗风情展区

亘古四子王——吉祥宝地展区

亘古四子王展区——地学丰碑

亘古四子王展区——宇宙探秘

航天四子王——翱翔宇宙展区

航天四子王——逐梦太空展区

人文四子王——历史长卷展区

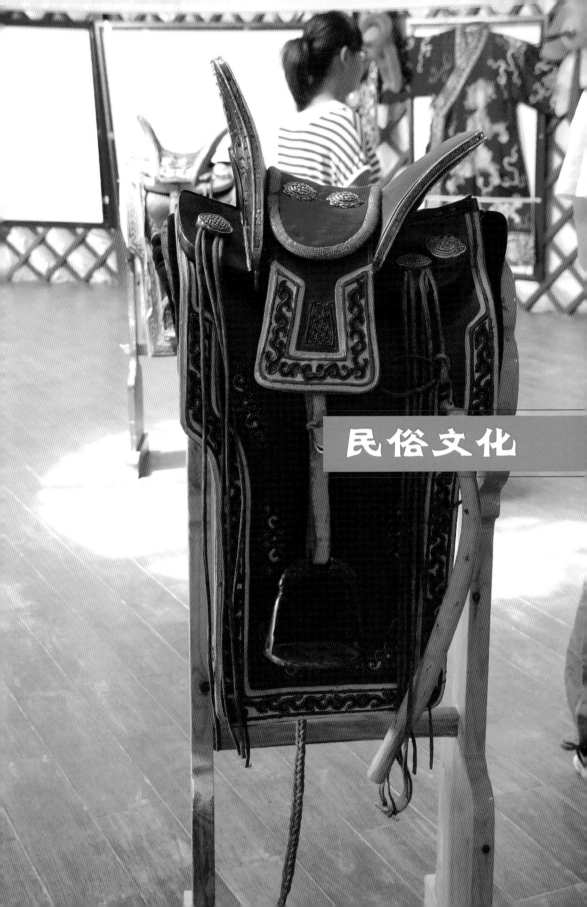

民俗文化

HUASHUONEIMENGGUSiziwangqi

民 俗 文 化
MINSUWENHUA

被誉为"吉祥草原、神舟家园"的四子王旗历史悠久，文化底蕴深厚。几千年来，兼容并蓄的文化在杜尔伯特草原上聚集、融合、传承、积淀，形成了具有鲜明地域特色的民族文化。

传统手工艺

四子王旗民族文化手工艺创业园于2015年在乌兰花镇哈萨尔广场开园，集蒙古服饰制作、奇石玉珠、蒙古工艺为一体的22户手工艺创业者首批入驻创业园，开启了民族文化手工艺创业之旅。

蒙古族皮画

精选草原天然优质牛皮为原料，民间工艺师根据自己巧妙的构思（多数以民族风情为体裁），用刻刀在牛皮上精雕细琢出画的轮廓，经过特殊描绘、着色、层染、抛掐光、定型、半浮雕凹凸压制等一系列工艺，几十道工序纯手工制作完成。充分展示了天然皮革所具有的皮质皮色，具有线条流畅、勾描别致、立体感强、色彩柔和、永不褪色等特点。皮画表面浮雕般的立体效果和冷峻、凝重的风格以及猛烈、尖锐的视觉冲击力，往往令观赏者感到无比震撼，给人以全新的艺术享受。同时蒙古族精品皮画充分体现蒙古民族的艺术精髓和文化内涵，具有极高的艺术鉴赏和收藏价值，倍受海内外各界人士的青睐，是装饰、馈赠、收藏的首选佳品。

鼻烟壶

简而言之，就是盛鼻烟的容器。小巧，可手握，便于携带。明末清初，

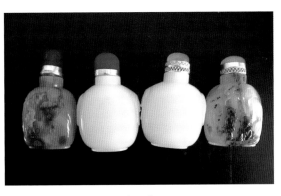

鼻烟壶

鼻烟传入中国,鼻烟盒渐渐东方化,产生了鼻烟壶。现在人们嗜用鼻烟的习惯几近绝迹,但鼻烟壶却作为一种精美艺术品流传下来,而且长盛不衰,被誉为"集中各国多种工艺之大成的袖珍艺术品"。中国鼻烟壶作为精美的工艺品,集书画、雕刻、镶嵌、琢磨等技艺于一身,采用瓷、铜、象牙、玉石、玛瑙、琥珀等材质,运用青花、五彩、雕瓷、套料、巧作、内画等技法,汲取了域内外多种工艺的优点,被爱好者视为珍贵文玩,在海内外皆享有盛誉。

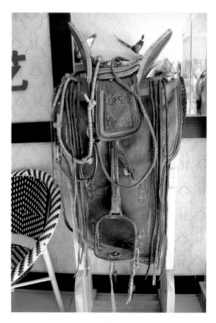

马鞍

马鞍

蒙古语叫额莫勒,银鞍就是孟根额莫勒。蒙古马鞍的形制有多种,因地区而有宽、窄、高、矮的差异,骑兵用的马鞍和牧人用的马鞍风格又有不同。鞍具的主要部件有:鞍座(木制,最结实的是用树根拼接做成的,特别是带疖子的弯木最耐用,但少见,所以一般人多用白桦木的),大小鞍鞯(鞍座下方的皮垫,香牛皮制),鞍垫(鞍鞯下方的毡垫,多用双层),马镫(铜或铁制),捎绳(蒙古语"赶机和",牛皮条制,主要作用是捆绑行李物品或拴马绊),马肚带(蒙古语"奥楞",马鬃搓绳再缝到一起,以黑白红三色组成最为漂亮,相当于人的腰带,

用来系紧固定马鞍),至于装饰马鞍的各式鞍泡、鞍条,则按鞍具等级高低,分别选用银、铜、铝等材质加工。

游牧民族以马为伴,马是牧人的骄傲。俗话说"人靠衣装马靠鞍""好马配好鞍",牧人自然也看重马鞍马具,要给自己的骏马披金戴银,让它炫人眼目,其中尤以银饰马鞍最为贵重。草原上历来不乏做银器活的能工巧匠,那些巧夺天工的银饰都出自他们之手。

蒙古族金银铜器制作

四子部落(四子王旗)的铜银器制作技艺具有悠久的历史。蒙古族传统的佩戴饰品和日用金银铜器具,在漫长的历史沉浮和变迁中,

四子部落的生活用具

逐步形成自己独特、鲜明的特点，其制作工艺堪称精美绝伦。其艺术性、实用性、观赏性完美结合在一起，蒙古族铜银器制作技艺蕴含着厚重的历史文化痕迹，具有一定的收藏价值和历史研究价值。

16世纪中叶，喇嘛教传入蒙古各地，18世纪末盛行修建庙宇，蒙古族金银工匠便应运而生，他们主要给寺庙制作佛龛、佛灯、喇嘛号及喇嘛日常使用的佛珠、银碗、银筷等器件。随着时间的推移，这些已不是上流社会和富人的奢侈品，慢慢流行于民间老百姓生产、生活

四子部落银制民俗用具

银制民俗用具

之中。

苏格尔家族从第一代手工技艺传承人艾兴格（苏格尔的祖父）开始，到第三代手工技艺传承人苏格尔已经有200多年的历史，苏格尔于1997年成立"苏格尔蒙古族金银铜器传统手工制作工作室"，以工作室的形式制作和加工金银铜民族饰品、民族手工艺品、民族工艺刀具、民族服饰、民族家具、民族生活用品，是第四批自治区非物质文化遗产项目代表性传承人。

银碗

银碗是蒙古民俗中最为讲究的用具，它成为蒙古族礼仪的象征。银碗碗面用银片包裹，碗边外延雕刻水纹或花草纹饰。碗底银盘外沿刻满吉祥图纹，中央刻五畜或二龙

戏珠、八宝、万字、福字、十二生肖等图案。采用浮雕、镂刻、掐丝、錾雕、鎏金、鎏银、铆焊等手工技艺，使图案形象栩栩如生。金银铜饰品在蒙古族生活中可以说是无处不在、无处不有。它装点了生活、美化了生活。从古至今，蒙古族金银铜饰品工艺不断走向完美。工匠艺人善于汲取创作灵感，并根据传统习惯、审美情趣，在细节上不断创新，成为令人叹为观止的民族服饰装饰品。

银碗

银制民族用具

木雕家具

四子王旗是南北商贸茶道必经之路，自古就是各民族手工业集中发达的地方。从蒙古族家具制作到金银首饰以及毡皮质手工艺，都独领风骚；尤其在木制家具方面，蒙元时代就早已成熟。依靠北方草原戈壁的优松木资源，传统的游牧民族家具从制作技艺和风格上都充满实用性和观赏性，还有极其可贵的文化艺术性，摆在屋内庄重而又大方，坚实耐用。蒙古族家具是北方游牧民族生活的典范，深受蒙古族人民的喜爱。民族家具根据传统习俗，尺寸比较小，便于搬运，但结构烦琐复杂，做出来精密度高，古朴自然，庄重大方。在创作打造过程中都是使用纯天然实木手工打造、

榫卯结构，然后打磨涂漆，选择图案点缀绘制，有极高的观赏价值和审美特点。

史良贵是中国木工三大派"晋派"的传承人。目前，在民间从事传统木工技艺中，从设计、打造、绘画、雕刻等方面，是最全面的职业性三代民间手工技艺传承人。

在 2001 年 5 月，四子王旗成立牧源民族家具厂，规模生产传统实木家具。2006 年创作浮雕历史人物

微缩蒙古包

乌兰察布市首届"神舟杯"四子王旗蒙古族特色家具展台

插屏"虎门销烟",被四子王旗博物馆收藏。自2001年至今,牧源民族家具走进了千家万户,覆盖区内多个旗县和旅游观光的地方以及农家院、中、小型企业,个体别墅装饰等地方。

民族服饰

首饰

四子部落女性首饰首推头饰,亦称头戴。一副上等头戴价值数十匹良马。头戴是姑娘结婚时,由男方依据家庭经济状况准备的,因此其档次略有区别,但造型风格大同小异。头戴主要用珍珠、玛瑙、珊瑚、玉片、玉珠、金银串成。四子部落蒙古族妇女头戴与周边达尔罕、茂明安、乌拉特甚至察哈尔多有共性,但也有自己的特点,这就是在发箍

妇女传统头饰

后面,还要再加半圈发箍,给人以双重发箍的感觉,这是别处头饰所没有的。再就是头戴后片或后屏是

一个梯形或方形的布片，相对较大，上面缀满了一排排银质圆饰片。前有胸饰后有后挂，在左右脸颊两边相垂珠串垂缨，配饰较多。四子部落妇女头饰做工精巧，装饰方便，特别是前额的珠串在走动中飘逸摇摆，衬托蒙古族妇女健康红润的面容，给人一种美的形象、美的观赏。

女性喜戴镶珊瑚的银戒指、银手镯。男子也喜戴银戒指，戴赤金者不多，这与蒙古族崇尚白色有关。

服装。男女均分冬装和夏装。女性服装多以艳丽丝绸锦缎手工制作的蒙古袍为主。袍过膝，袍边、领口、袖口镶以金银花边，再缀以银质纽扣。蒙古袍下摆不分岔、宽大、领高，便于劳作、乘马。色彩方面，女性偏爱绿、粉红、湖蓝和印花，男性偏爱于蓝、棕色和印花绸缎。冬季多着羔皮。男性蒙古袍早年在

四子部落妇女传统头饰

袖口多有马蹄形护手（俗称马蹄袖，其作用在于为手部御寒）。

皮袍：一般选用7张经熏制的绵羊皮或剪茬皮精心裁剪缝制，衣襟、大襟边、下摆用黑色倭缎或青布镶边。这种皮袍是四子部落蒙古族几百年来的传统服装。冬季，人

们远走敖特尔阿音或夜巡马群时，常穿皮袍，防寒防冻。

女式羔皮缎袍：四子部落蒙古族妇女常穿的秋冬装之一。一般用于婚礼或节庆场合，薄而轻，适于室内着装。羔皮的加工选料是很复杂的工艺，一件皮袍用 40~50 张羔皮，因此能否拥有一件像样的羔皮缎袍是一个牧民家庭贫富的标志。多用绿色或青色缎子做面，用黄、粉红缎或库锦镶边。

男式羔皮缎袍：四子部落蒙古族男子经常穿的秋冬装之一。用于婚礼或节庆场合，薄而轻，适于室

黑镶熏皮袍

内着装。通常选用羔皮 50~60 张，其加工缝制工艺是比较复杂的，充分显示了蒙古族妇女传统加工缝制工艺。多用蓝色或青色缎子做面，用黄、墨绿缎或库锦镶边。男士还要佩戴浮雕银刀、象牙筷子、荷包袋、玛瑙鼻烟壶、银碗等。此装缝制独特、工艺精美，充分体现了四子部落蒙古族男子追求自然、豪放耿直的风格。

马蹄长袖斜纹布夹袍：清朝时四子部落旗蒙古族贵族常用衣物之一。一般在重大的接待礼仪中使用，该袍外配做工精细的缎子坎肩，体现豪放中不失典雅的独特选料设计风格。

女式节庆服装：是四子部落蒙古族姑娘出嫁时准备的传统袍装。此袍与其他地方服装不同之处在于两边的胯边均绣出各种式样的云纹

年轻女子服饰

传统蒙古服装

传统蒙古服装

图案，使服装更加美观、绚丽，并贴身得体。若外套锦缎坎肩和佩戴串满金银珠宝的豪华头饰，更显出嫁姑娘的婀娜身姿和端庄华贵。

腰带

　　腰带是穿着蒙古袍的必备品，一般长度为1丈2尺，色彩要和蒙古袍相配。男性扎腰带是为了束紧袍子，因此在扎腰带时要向上提袍子，以便乘马驰骋。男子扎在肚子

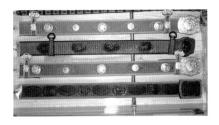

腰带

下面，女人扎在胸脯下面。袍襟上部又是放置出门携带生活小用品的地方[如银（木）碗、哈达、钱物等]。女性束腰带袍子需往下拉，以衬托出婀娜身材。

靴子

　　靴子分为蒙古靴和皮靴。皮靴是近代制革工业发达后才流行于牧区的。最古老的传统靴子是镶牛皮蒙古靴。四子部落蒙古靴是用上好的牛皮制革后压出小方格形花纹，镶以云形图案，靴头呈上翘尖形，靴身宽大。内衬皮里或毡袜，既可御寒，又便于在沙漠上行走，也可防止坠马套镫及毒蛇、毒虫叮咬，是蒙古族在生产生活实践中发展出

蒙古靴

来的衣着文化结晶。

男子佩戴品

四子部落蒙古族男子着民族服装时还须佩戴旱烟荷包。烟荷包是一种精美的工艺品，色彩鲜艳、镶金边、走银线、绣制了各种民族图案和花卉，充分显示了蒙古族妇女精于女红的特色，一个烟荷包往往能成为男女定情之物，烟荷包上多有银链相接。靴筒内还带有吸烟人常备的旱烟杆，烟杆也很有讲究，银制烟锅、檀木烟管、脂玉烟咀、三节长距相等，也被称为三连烟杆。烟杆的质量也代表着人的地位和身份。同时还要佩戴带鞘蒙古刀，内备骨质筷子，男子要佩戴火镰、燧石袋等。

帽子

女性多以彩绸、彩纱包头，男性多戴呢质礼帽，女性出门探亲访友或有重大节日或礼仪场合也着礼帽，多以棕色为主。冬季着羊皮尖顶风帽。

蒙古族刺绣

蒙古族刺绣，是蒙古族人民在长期生产生活中形成的一种手工技艺。蒙古族的刺绣艺术以凝重质朴取胜。其大面料的贴花方法、粗犷匀称的针法、鲜明的对比色彩，给人以饱满充实之感。

蒙古族是个善于装饰生活的民族。刺绣作为民族服饰的主体工艺，应用范围很广，几乎涉及了服饰、佩饰、生活用具等各个方面，具有鲜明的民族特色和生活情趣。草原刺绣使用彩色丝线、棉线、驼丝线、牛筋等不同材质的绒线，在棉布、丝绸或者毡毯、皮制品上进行刺绣。刺绣工艺又有传统手工刺绣、贴花、堆绣等类别之分。刺绣针法有平绣、结绣、补绣、锁绣、盘金绣、打子绣、拼花等20多种。蒙古族服饰、佩饰都有精美的刺绣图案装饰。特别是一些特殊部位的装饰物，如袍领、袍襟、袍边、蒙古靴、荷包、碗袋、褡裢、烟荷包、发套、摔跤服、毡袜腰边、蒙古包等，在毡子和皮子上所做的贴绣如门帘、垫子、绣花毡、驼鞍、马鞍垫等，都是用精美的丝线刺绣出来的。图案有犄纹、鸟兽、五畜、卷草纹、万字、蝴蝶、金鱼、寿字、龙凤、如意、方胜、葫芦、云纹、火纹、盘肠以及民族特色纹样，极为丰富，形成了自己独有的刺绣色彩，灿若云霞。

在蒙古族的衣、食、住、行中刺绣的使用很普遍，蒙古包自古以来就是蒙古民族居住的一种帐幕，蒙古包的顶部和边缘装饰以及门帘都要用贴花刺绣方法装饰，地下铺的密缝毡子也要绣出各种图案，使其成为一种富有装饰性的艺术品，也使牧民的生活更加丰富和舒适。蒙古袍和生活中长坎肩的"前襟花""衣侧花"以构图严谨多变、题材丰富多彩为特色，恰当的疏密安排，小花小鸟妥帖的点缀，浅黄色、粉绿色的镶边，显得非常悦目。蒙古族劳动人民的这些刺绣品自然朴实，不仅歌颂了美好生活，也使人从艺术享受中得到审美教育。

一个民族富有特色的传统服饰，对于其他民族来说，是一种区别和标志，对于本民族则是互相认同的符号，是一种集结的纽带。保护和传承本民族的传统服饰文化，对于该民族文化的发展有着非常重要的作用。

那达慕盛会

那达慕系蒙古语，是"娱乐"或"游戏"的意思。它是蒙古族人民在漫长的历史活动中创造和发展的一种极富民族特色，象征欢乐、吉祥、胜利的活动。历史悠久，源远流长。

四子部落旗举办那达慕盛会历史久远，一般的有旗办、苏木办、庙办、嘎查办等多种规格。旗办是系王府召开全部落大会，如新王继位、老王寿辰、部落畜牧业大丰收等喜庆日子举办。庙办那达慕主要是迎请转世活佛坐床典礼，重大佛事庙会时举办。苏木、嘎查办的那达慕会主要是在祭祀敖包等日子时举办。举办规模当首推全部落那达慕，隆重而壮观。节日来临时，择一水草丰美的草滩，中央搭有供王爷、台吉、官吏、贵宾观看的观礼席和巨型蒙古包，各苏木、嘎查牧民自己携带蒙古包临时搭成围场地，不论王公贵族还是平民百姓都着民族盛装而来。

四子部落那达慕仪式：先祭部落旗，旗呈三角形白底蓝边，上书"四子部落"四个蓝色蒙古文字样。部落旗先由9名乘白马的骑手之一擎举，余人手捧哈达、鼻烟壶绕场3圈至祭桌前举行祭奠盛宴。祭奠桌上摆放1只煮好的全羊，并摆放奶食、奶酒、奶油等祭品。由主祭人朗诵祭奠词后，将奶食品献给贵宾品尝，紧接着男子三项竞技开始。会期一般是3～5天或5～7天，祭敖包小型那达慕只举办1天。

据蒙古国学者舍·占布拉所著《蒙古摔跤》一书中记述："经现

在考证，5000多年前或在公元前2700多年，古中国北部蒙古部落中已有了那达慕。"据我国史料记载蒙古部落为了合理分配游牧草场和狩猎区域，防止因迁徙放牧、狩猎引起争斗，每年在夏末秋初牧业丰收的7～8月间举行部落"忽邻勒塔"（蒙古语为聚会之意）表示团结、友谊、祈庆丰年，议定牧猎区域和推选部落联盟首领。会间除举行宗教祭祀外，还举行角抵、射箭和骑术竞技活动，这是最初的那达慕。

那达慕最早见诸文字记载是1225年用畏兀儿蒙古文镌刻在石崖上的《成吉思汗石文》："成吉思汗征服花剌子模后，为庆祝胜利在布苏哈齐海举行'那达慕'。"瓦西里·扬所著《巴都罕》一书第一节"蒙古军之那达慕"也记载了蒙古大军因胜利渡河，在俄罗斯境内乌尔卡山麓下的草坪上举行的迎兵仪式上进行了"男子三项竞技"的盛况。元代史籍就记载着13世纪那达慕颂词：

得心应手的马头琴，悠扬动听
洁白无暇的哈达，闪闪发光
传统的三项那达慕，接连不断
蒙古男子力士整队上场……

元代明确规定："蒙古男子必须具备角抵、射箭、骑术三项技能。"古代战争的特点，贵在神速，每个战士必须精骑善射，马上神驰，马下搏击，方能克敌制胜，佼佼者方能当选部落联盟首领。一代天骄成吉思汗当年就曾将摔跤、射箭技艺列为选任良将、继承汗位的条件之

马术

摔跤手入场

一。四子部落的先祖成吉思汗胞弟哈萨儿就是一位驰骋疆场、誉满军中的神箭将军和统帅。关于他的善射《蒙古秘史》中就写道："其方怒之时也，引弓放其叉披箭，射穿隔山一二十人。其斗敌之时也，引弓放其大披箭，射穿越野横渡人。大引而放其箭，则能射至九百寻；小引而放其箭，则能射至五百寻。生得与众不同人，身躯莽如大魔君。人称拙赤合撒儿（哈布图哈萨儿），此则其人也。"

关于"那达慕"名称的由来历史久远，生活在祖国北部边疆的蒙古族因历史原因和地域、习俗的差异，对本民族喜闻乐见的传统盛会授名不一。东部蒙古族称之为"耐拉""出古拉"；鄂尔多斯人称为"珠拉格"，阿拉善人叫称为"乌日斯音耐尔"；而居住在漠北的喀尔喀部（今蒙古国）则称为"那达慕"。国际史学界统译为"那达慕"。我国根据元代史籍中记载的"额林高力本那达慕"（男子三项竞技）和便于国际学术交流，亦统一译称"那达慕"。

中华人民共和国成立后，在党和政府的支持和倡导下，这个源于历史、源于生活的盛会，正在延续并不断发展着。既保留了民族传统形式亦增添了新的内容，可称之为融经济、文化、体育为一体的草原盛会。全旗性那达慕大会多则1~2年举办一次，一般情况下是3~5年召开一次，也有间隔时间更长一点的。主要视牧业生产收欠而定。举

那达慕表演

办范围分旗级、苏木级、嘎查级。党的十一届三中全会后，国家计划经济转轨到市场经济，牧业经济和牧民收入得到了长足的发展，随之又出现了个人和家庭举办的小型那达慕。随着四子王旗旅游事业的蓬勃兴起，一年一度的旅游那达慕盛会吸引着更多的国内外游客。

四子王旗的那达慕大会多在阴历的七月下旬至八月上旬举办。此时，千里草原秋高气爽，牛羊肥壮。那达慕大会多选在具有人文景观和交通便利的地方举行。

那达慕大会会期一般是7天，提前一个多月就发出通知，以便牧民进行驯马、调马、摔跤训练及招揽商客游人。

过去那达慕的活动项目仅仅局限在蒙古族三项竞技上，后逐步演化，不断创新，其内容和形式日益丰富多彩。现代的那达慕又增加了马术、射箭、拔河、摩托车越野、公路自行车赛、蒙古象棋、赛骆驼、儿童摔跤、套马等。更可喜的是从20世纪60年代末开展了女子比赛项目。过去蒙古式摔跤仅仅局限于男子，女子涉足此项比赛史无前例。而今绿草地上女摔跤手身着战衣，争雄斗勇，骑乘良驹驰骋纵横于比赛场上，誓与男儿争高低。那达慕大会众多的比赛项目当数蒙古式摔跤和赛马引人入胜。这两项极富民族特色的传统体育活动，就其比赛规则、竞赛技巧、多彩的服装、高亢浑厚的"乌日雅"入场赞歌以及进场舞步等，显示了浓郁的民族色

那达慕开幕式

彩。蒙古摔跤和赛马与其他活动项目一样不限民族和宗教信仰，人人都可以报名参加。跨省界、盟界、旗界参加比赛的比比皆是。蒙古民族素有好客的优良民风，不论来自何地的运动员都将受到盛情款待。四子王旗举办的那达慕，就接待过来自呼伦贝尔市、锡林郭勒盟、呼和浩特市、包头市等地的运动员和马队。真是"有朋自远方来不亦乐乎"。时代前进民风依然，四子王旗著名的蒙古族老一辈摔跤手江布拉若希当年就曾赴蒙古国乌兰巴托参加漠北那达慕大会并取得第一名，被传为史话。他"桃李"布满了杜尔伯特大草原，1981年在乌兰察布盟（现乌兰察布市）那达慕大会上被授予"达尔罕布和"称号。

那达慕大会会场布置也蔚为壮观，会场正面是主席台。会场台前

正中央有鲜艳夺目的五星红旗，两边有四子部落旗和那达慕会旗。部落旗呈三角形，白底、蓝边、蓝字，白色象征纯洁，蓝色象征宽广、永恒，意为草原牧民的心胸，像奶一样纯洁，像蓝天一样宽广。

大会主席台前放着一个方桌，桌上摆着一只全羊，奶食，油饼、酒等食品。先由一人朗诵祭奠诗，表示对盛大宴会的祝贺。之后，拿着奶食让来宾品尝，表示友谊、欢迎，同时让大家分享丰收的果实和喜悦。

那达慕大会的入场式历经变更，不断推陈出新，但传统的仪式必不可少。大会开始，在仪仗队入场前，有九名身着民族服装的骑手，拿着哈达、鼻烟壶骑着九匹白马，绕会场三圈，下马后祭奠盛宴。

那达慕大会历来是草原牧民的盛会。每当举行那达慕，方圆数百

摔跤

那达慕会场

里的牧民，身穿鲜艳的民族服装，骑着马，赶着畜群，带着蒙古包，络绎不绝地前来观看和参加比赛。每当此时，往日宁静的草地，便会撒满装扮一新的蒙古包。会场、商业、饮食帐篷井然有序，成街成村，各方宾客云集，一派国泰民安的祥和景象。

改革开放以来，那达慕又充满了新的生机和活力。市场经济气息

那达慕观礼台

浓厚。蒙古族牧民不但依然是大会的组织者、承办人，同时也是市场经济的弄潮儿。各苏木、嘎查、牧民本人都集资投资于大会的商业活动，在招商、旅游、饮食、工、农、牧及各种商品的销售活动之中都有他们的身影。这是新一代牧民视野、思维、价值观的改变与与时俱进的例证。

那达慕大会是蒙古民族文化和民族精神的继承和发扬，它向人们展示了草原骄子精神的深厚内涵。那达慕大会不仅丰富了人们的精神生活，而且强健了体魄，增加了智慧，提高了战胜自然、征服自然的能力，更主要的是增强了民族团

结、提高了四子王旗的知名度，使我们广交四海朋友，吸引八方游客，对繁荣四子王旗经济起着相当重要的作用。

摔跤、赛马、射箭男子三项竞技，也称作男儿三艺，是在蒙古民族长期的游牧、狩猎过程中自然形成的，历史悠久。蒙古民族对男子三项竞技极为喜好，且有着与生俱来的天赋技能，是蒙古族传统的娱乐体育运动。它反映了蒙古族生活习俗、政治经济、文化素养和社会的发展，现已成为蒙古民族一项重要的文化遗产。

蒙古民族确定了称呼男子三项竞技为摔跤、赛马、射箭的次序，对此排列一般不可换位称呼。除上述三项活动以外，还有蒙古象棋、

赛骆驼、掷布鲁等，是男子三项竞技附带的民族体育项目。

大型那达慕要举行由512名或1024名摔跤手、近500匹快马参赛的盛会，为期7～10天。

中型那达慕要举行由256名摔跤手、100～150匹快马参赛的大会，时间为7天左右。

小型那达慕举行由128名或64名摔跤手、30～50匹快马参赛的集会，时间为5天左右。

哈达文化

千百年来，蒙古高原逐水草而居的马背民族创造了源远流长的草原蓝色文明。蒙古民族崇尚蓝色，在日常生活中广泛使用蓝色哈达的习俗已有悠久的历史。使用蓝色哈达的礼俗，是草原游牧民族步入文

那达慕开幕式马队

草原景色

赛马

明社会的具体表现。哈达的质地、颜色和赋予其中的情怀寓意，以及在日常诸多礼仪场合中所承载的文化特质，朴实无华地彰显着草原蓝色文明的深刻内涵。

从古至今，蒙古民族为什么一直都崇尚蓝色？这与其自然崇拜的原始宗教信仰分不开。从远古时期开始，蒙古民族就由衷地崇敬大自然——信奉浩瀚无际的长生天。认为蔚蓝色的苍穹高远无疆、无始无终、纯洁美丽、清新永恒，并且具有威猛无穷之神力，是不会被任何力量所征服的。加之蒙古民族具有传奇色彩的祖先——神秘下凡的"苍狼"与草原上的"白鹿"有了血脉交融的姻缘，使蒙古民族无比敬慕苍天之本色，并把自己种族的属性

归为天之蓝色。

那么究竟何为草原蓝色文明？这与蒙古民族所崇尚的大自然——长生天分不开，是指由蓝色信仰孕

射箭

育而生的文化现象。赖以草原天然植被生存过程中，蒙古民族很早就对所处高原的气候干旱、植被脆弱等生态状态有了深刻的认识，并且萌生了强烈的生态意识。

认为人类只有敬畏生命、崇敬自然、呵护生态、顺应大自然，才会拥有富庶完美的生存空间。

这种渗透于民族性格中的生态意识，成为指导整个游牧社会实践最朴素的天人合一的哲学理念。为了达到与大自然表里一致的和谐，蒙古族男性普遍身着蓝色衣服；女性喜穿着绿色衣裳（随着年龄的变化，服装的颜色由浅渐深）。这种全身心地与自然保持默契和谐的生态伦理道德观，成为左右整个民族前途命运的伦理道德和生存美德。

在日常生活中崇敬自然、生态文明的文化理念无处不在，甚至一个人的人格品质、分析某种事物的原委、决策任何事宜的前提，均以生态道德作为唯一的黄金尺度来衡量。于是，齐心协力顺应大自然、行为谨慎地敬畏生命、自觉主动呵护生态环境，成为每个人义不容辞的天职。把赖以生存的生态环境，如同生命一样珍惜，视为山川河流、草木花卉、飞禽走兽，甚至就连昆虫蚂蚁，个个都是以其生命支撑绿色世界的天使，这就是闻名于世、曾经影响过人类世界的蓝色文明。所以，他们被称之为"蓝色信仰、绿色崇拜"的生态型民族。

显然，蒙古民族的蓝色哈达，是来源于崇敬长生天的生态文明。

像航天员敬献哈达

哈达方阵

蒙古民族的哈达文化源远流长，他们在日常生活中广泛而频繁地使用哈达的礼俗，是一种高尚文明的礼遇形式，它彰显了博大精深的草原文化积淀。

同样的哈达在不同的场合，体现着不同的寄情寓意和人文情怀价值。

在过去，为了便于随时使用，凡是成年的男女都要随身携带哈达。平时，会客、拜见、祝寿、婚宴、祭奠等诸多场面，都离不开表达情感寓意的哈达。象征心想事成、憧憬美好吉祥的蓝色哈达，被视为"礼仪之首，万能瑰宝"。如向他人赠送一匹骏马，要用蓝色哈达点缀；相互馈赠礼品，需要有哈达来陪衬。在各种喜庆场合，富人馈赠一头牛，

穷人赠送一条哈达，在礼节上没有高低尊卑之别，都要一视同仁。

家里来客、野外路遇、探亲访友、求人办事……双方一见面，为了表达亲善友好、互相尊重与祝福之情，彼此先从腰间的褡裢里取出哈达和鼻烟壶来，对接哈达、请安，随着交换鼻烟壶之机，彼此互相问候家庭老少健康情况、畜群的膘情及牧场水草状况，然后才谈正事。

对于见面后不用哈达行礼者认为不怀好意，自然会引起警惕或毫不客气的嫌弃。以前若因疏忽大意而身上没带哈达，在途中或野外牧场遇见行人（特别是陌生人），为了消除产生不愉快的误解，下马之后应急，用手中的马缰或者是解开腰带的一端，来代替昭示吉祥的哈

达，与对方行见面礼，表示友善、诚挚。

蒙古族在使用哈达的程序方面也十分讲究。晚辈拜见长辈时，首先让长辈坐稳，然后整理好衣冠，用双手兜起长袍的前襟下跪后，铺展袍襟彬彬有礼地叩拜。然后起身捧出折叠有序的蓝色哈达，与对方手捧的哈达从下往上对接、请安祝福，表达对长辈的尊敬。此刻，有的长辈接受晚辈的拜礼时，为了表示对晚辈的抚爱，用手中的哈达将晚辈展开的哈达从下往上托起，表示对晚辈的深情寄托。向贵宾或先辈敬献哈达，是祝福与苍天同在；向朋友或晚辈献哈达，是祝愿与日月同辉；在祭祀场合敬献哈达，是示意对信仰的虔诚，企盼所祈祷之夙愿能够如愿以偿；为儿女配偶提亲，事先将哈达作为信使送给对方，对方既然接受，意味着亲事有望；迁到新的牧场搭起毡帐之后，户主要往天窗的缆绳上系一条哈达，希冀平安好运；向敖包敬献哈达，祈求长生天的恩惠；放生的牲畜，在其鬃毛或犄角上盘系哈达，意在祝愿它吉祥伴随、远离邪恶、好运常在；向外来的宾客敬献哈达，是在彰显草原博大精深的文化积淀与高尚文明、热情好客，表示美好的祝福和诚挚的敬意……

蓝色哈达所容纳的寄情寓意和文化使命极其广泛。所以，使用哈达有很多讲究和规范：首先要求哈达必须洁净，将哈达的横断面折叠成三层，折叠口要向上朝外（意味着将美好吉祥祝福包裹在其中），以自己的肩宽将哈达用双手平展地捧起。敬献哈达者为了体现拥有家教素养、尊重对方，要衣冠整洁、神情饱满、面带笑容，捧着哈达矫健、文雅地走上前去，以谦恭的姿态轻轻弯着腰将哈达献给对方。

接受崇高礼仪的对方也以礼相待，喜笑颜开地伸出双手将饱含深情厚谊的哈达缓缓接过去，郑重其事地将哈达叠好，揣入怀里或放入褡裢之中。

蓝、白两种哈达所体现的寄情寓意是截然不同的。藏族是以神圣的佛教理念将寓意神性的白色哈达挂在朝拜者的脖子上，意味着大慈大悲的佛祖在保佑信徒。以庄重文雅、文明规范的举止行为向客人敬献哈达，是草原儿女诚心尊敬八方宾客，圣洁的蓝色哈达意味深沉凝重，它是凝聚情感的纽带、铸就友谊的桥梁、祝福吉祥的信使、憧憬美好的象征……

近年来出现许多重大礼仪场合，用象征西藏佛教理念的白色哈达取代蒙古族蓝色哈达的现象，由于历史的种种原因和现代多元文化的强烈冲击，使草原传统民族文化日趋边缘化，甚至以惊人的速度在萎缩。

根据有关史料考究，1265年，忽必烈可汗委派帝师、国师八思巴巡回西藏时，委托他给西藏地区带去了寄情寓意各异的五色哈达。其象征寓意分别是：蓝色——智慧、吉祥；白色——平安、圣洁；黄色——富贵、尊严；红色——生命、婚姻；绿色——子女、永恒。以此象征佛光五彩缤纷。

奉命回到故里的八思巴大师，按照忽必烈大汗的吩咐，向青藏地区的诸菩萨活佛和高僧达贵，分别敬奉了文化寓意不同的五色哈达。有一则传奇故事在西藏地区流传至今。当时八思巴正在大召寺里向诸菩萨活佛敬献哈达的时候，壁画中的一尊度母从墙上走了下来，也向八思巴讨要了一条白色哈达，然后归其位又复原成壁画，使所有在场的活佛僧侣大为震惊，将那尊拥有哈达的度母重新命名为"卓玛塔尔联玛"。迄今，那尊女神依然供奉在大召寺里。

由此，藏族民众对蒙古族的哈达（哈达格）由衷地倾慕欣赏，把哈达称为"骚益帮"，开始兴起了使用哈达的习俗。而且在五色哈达的原始寓意基础上，又分别赋予了

象征五色天尊的佛教意念。并且把既能象征雪域高原之地域特色，又适合于弘扬佛法理念的白色哈达，作为日常宗教礼仪和礼尚往来的象征之物。使活佛和高僧们纯粹从佛法理念角度出发，将白色哈达挂在顶礼叩拜者的脖颈上，意味着佛光普照信徒民众和人间。从此开始，白色哈达便属于康藏地区象征佛祖保佑信徒们的神明之物。

后来，随着藏传佛教在蒙古草原上的普及，原本从蒙古民族传过去的五色哈达，又带着浓郁的佛光神色回到故里草原。由于赋予五色哈达的原始寓意和文化使命在蒙古民众心目中根深蒂固，虽然他们也认可由佛教赋予的双重文化寓意，但是在具体使用方面有严格的区别。他们将白色哈达俗称为"散拜"，仅限于在丧葬或祭祀场合使用。将红色和绿色哈达同称为"年达尔"，通常在庙宇的菩萨面前或家庭佛龛上，作为象征完美寓意的装饰而用。黄色哈达只是在拜见活佛高僧和帝王时使用。

在清朝时期，大清国也曾盛行哈达礼俗，用满语将哈达称之为"噶日布"。据民间传说：当时，清王朝为了稳固北部边疆草原，提倡"满蒙一家"。统治一方草原的蒙古王公贵族，大部分都是皇亲国戚的驸

敬献哈达

马。其他人拜见皇上时行三拜九叩之礼。而蒙古王公却不同，拜见皇帝时首先将象征富贵尊严的黄色丝绸哈达敬献给皇帝，然后一拜三叩之后起立，甩落两支长长的袖筒弯腰，用置有马蹄形状的袖口处地，如同一匹等待主人乘骑的如意骏马那样，四肢矗立于皇帝面前听从指令（蒙古族男式衣袍袖子特别长，袖口上置有马蹄形装饰）。而且清朝皇帝对蒙古草原的王公贵族进行封爵、赏赐恩典之时，也尊重蒙古民族的传统礼俗用蓝色哈达。

当初，由忽必烈汗归纳民情习俗赋予五色哈达的文化象征寓意，在体现草原蓝色文明的诸多文化生活中始终被广泛应用。比如：祭祀敖包时候五彩缤纷的华丽装饰；祭奠祖先圣火时候的吉祥衬托；飘逸在摔跤手脖子上的项环花穗；给放生的牲畜脖子上系的彩带；以及各种庆典场面上的五彩绚丽的点缀……诸多场合出现的五彩布条拉链；迎风招展的五色旌幡；以及所有的五色彩线及绳索之类，其文化寓意与五色哈达是完全一致的。

马文化节

四子王旗是蒙古族聚居区，蒙古族热爱草原，崇尚自由，被称为马背上的民族。自古以来，蒙古民族崇拜马的心理情感是细腻认真而多维的，他们仰慕蒙古马的神奇智

烙马印

能，敬重蒙古马绝无仅有的优秀品质，敬慕蒙古马从不气馁、顽强不屈的精神，敬仰蒙古马能够适应各种艰难困苦的环境、灵活机智的本能和勇往直前的耐力，更敬佩蒙古马与众不同的天赋秉性和高尚美德。蒙古马所具备的这些优点，陶冶和塑造了蒙古民族顺应自然、放眼世界、百折不挠的坚强性格。在漫长的历史长河中，马一直与蒙古族息息相关，蒙古族的风俗习惯、生活用具等均反映了马背上的生活，久而久之他们在马背上创造了亲近自然、与自然和谐相处的生态文化之———灿烂绚丽的马文化。

马文化节是四子王旗举办的民族盛会。自2012年举办首届马文化节开始，四子王旗已成功举办了两届马文化节。马文化节以弘扬和传承民族文化为根本，通过形式多样、

丰富多彩的艺术表现形式，充分展示具有四子王旗民族特色的马文化魅力。

马文化节分为入场式、开幕式、各项比赛与表演、篝火晚会等阶段。节庆活动充满喜庆、热烈的气氛，为夏季的草原增添了光彩。入场式极为隆重。首先参与活动人员焚香祝福；敬献九九醇，点燃圣火鼎；致传统颂词；贺马印、马桩；颂"八骏赞"；向贵宾献哈达、敬马奶酒……马文化节正式开幕。

接着充满民族风情的各项比赛和表演把马文化节引向深入，高潮迭起。民俗表演中套马，扣人心弦；

盛装参加马文化节

赛马

套马

套马

套马

套马

挤马奶

打马印，热闹非凡；驯马，再振雄风。套马杆、备马鞍、赛马手马上捡哈达等比赛令观众赞叹不已；速度赛、骏马展示、两岁马速度比赛，令观众大饱眼福。晚上，草原上的篝火熊熊燃烧，照亮了夜空，人们围着篝火歌唱、跳舞，把马文化节推向高潮，随着篝火的熄灭，马文化节落下帷幕……

在漫长的历史进程中，蒙古马以其神能之天赋，成就了蒙古民族叱咤风云、气壮山河、骁勇善战、所向披靡的辉煌业绩。同时也促使整个民族感悟自然，敬畏生命，顺应自然，亲近自然，呵护自然生态空间，持之以恒地逐水草游牧生存，开启了人与自然高度和谐的草原生态文明之先河。

蒙古族礼仪

世代生息在杜尔伯特草原上的蒙古族人民不仅勤劳勇敢、英武强悍，而且崇尚礼仪，注重礼貌。

日常礼仪

待客礼仪：热情好客、待人诚恳是蒙古族人民的传统美德。

问好：当客人到来时，主人迎出蒙古包外，微躬施礼，边与客人握手边问好："赛白努！"（"您好！"）然后按照辈分，依次问询全家人好，身体好！接着根据季节问询牲畜、草场情况。

献哈达：问好后要敬献哈达，

"哈达"一般用丝绸制成，颜色以蓝色为多，哈达长短不一、宽度不等。长哈达多用于献佛，短哈达用于民俗礼仪。哈达两端有拨丝，约半寸长，上面多绣有"云林""八宝"等民间花纹图案。哈达的长度、色彩和质地要根据接受者的身份以及和自己的关系远近而定。献哈达有一定的礼仪，对长辈献者要略弯腰前倾，双手捧过头，哈达对折起来，开口向着长者，否则为失礼；对平辈，双手平举给对方；对小辈，一般将哈达搭在其脖子上。

敬鼻烟壶：鼻烟壶是蒙古族传统的社交礼品，大小不一，小巧玲珑，形状多样。鼻烟壶用玉石、象牙、水晶、玛瑙、翡翠、琥珀、陶瓷、金银等制成。其样式有佛手形、梨形、茄形、桃形、柿子形等多种，华丽多彩，古雅美观。敬鼻烟壶有一定的礼仪，晚辈与长辈相见时，晚辈要曲身鞠躬，双手捧着鼻烟壶敬献给长辈，长辈用左手接受，嗅后归还。对于长辈递来的鼻烟壶晚辈不品烟，待长辈品过后再换回。若在家中，还应先请长辈坐下，晚辈站着交换。同辈相见时，只用右手互相交换，略鞠躬互换鼻烟，嗅后归还。

敬茶：当客人入座后，要为客人敬茶茶是牧民生活中最重要的饮

互敬鼻烟壶问候

参加活动、分享美食

品之一，在牧区有"宁可三日无饭，不可一日无茶"的说法，茶曾充当过货币在牧区使用，直到现在蒙古族礼品中茶仍占据了很重要的地位。敬茶是最普遍的礼仪，敬茶要先敬尊者、长者，然后按岁数依次敬，茶多为奶茶，敬茶后摆上黄油、奶皮子、奶豆腐、奶酪、炒米、奶果子等供客人食用。

敬酒：敬酒是蒙古族礼节中的高潮，充分体现了蒙古族善饮、热情豪爽的性格，敬酒的器皿通常是银碗，用桦树根挖空成型，再以镂花银片镶成，规格不一，最大的可盛二两，小的不足一两。敬酒时从客人中的年长者开始，依次进行，敬酒时依礼无论是敬者还是接者都不得免冠。敬酒时往往要唱一些表

示欢迎或赞颂友谊的歌来劝酒，来宾接酒后，用无名指沾一滴酒轻轻弹出，如此三遍。每弹一次分别念道："得力腾格里""额吉格甲勒""达雅里敖伦"，意思是请上苍、大地母亲和世界上一切生命共享这美酒佳酿。敬酒通常要三碗，以示对来宾的尊重和祝福。

用饭：酒后用饭，招待客人最高礼节是全羊席，用特别的大木盘或铜盘盛上煮熟的羊心肝内脏，上面有规则的摆好带肉的两个肩胛骨、两个肱骨、两个髋骨、两个胫骨、六节胸椎、八条肋骨，上面放好羊背子，再放上退净毛的熟羊头。整羊上桌时，羊头要面向客人，吃时也有一定的规矩。一般普通的待客多是手把肉加面条或炒米。在牧民

家做客，对于主人的热情款待，既无须感到过意不去也不要推托，否则主人会认为你看不起他；如果你毫不客气，饱餐畅饮，主人会格外高兴，认为你够朋友。蒙古族到长辈家做客，一般要带礼品，如酒糖、茶或自制食品。

婚礼礼仪

蒙古族婚礼非常隆重，各地区也不尽相同。在牧区一般是：当娶亲回到男方家后，新郎、新娘不下马，先绕蒙古包三圈，然后新郎、新娘穿过两堆旺火，接受火神的洗尘，表示爱情的纯洁、新生活的兴旺。新郎、新娘进入蒙古包后，首先拜佛祭灶，然后拜见父母亲友。礼毕，由梳头额吉给新娘梳头，梳洗换装完毕，等待婚宴开始。婚宴通常摆设羊背子或全羊，各种奶食、糖果应有尽有。婚宴上，小伙子们开怀畅饮，姑娘们载歌载舞。婚宴往往要持续两三天，亲友才陆续离去。

古老的四子部落蒙古族婚礼有着浓郁的民族色彩，礼仪隆重而充满美好淳朴的民族特点。

定亲：定亲是婚礼中重要仪式之一，男方通常要携带全羊、白酒、哈达、月饼等礼品到女方家登门拜访，商谈议定彩礼。彩礼议定后要举办订婚喜宴，喜宴上要有羊背子、奶酒，还要唱敬酒歌、朗诵订婚贺词。宴席上双方议定婚礼吉祥日，也就是择良辰吉日，为邀请的亲朋下请帖，定伴郎、伴娘，请喇嘛诵喜庆经，女方为出嫁姑娘准备婚装、礼品等事宜，订婚仪式就算结束。

蒙古族婚礼

娶亲：议订的良辰吉日到来之时，男方要设酒宴招待陪同新郎迎亲的亲朋好友，由喇嘛诵经祝福娶亲顺利吉祥。

同时，女方家中也宾客云集，放羊背子、设宴席，欢歌畅饮喜庆酒，等候娶亲人们的到来。通常要请善于辞令、熟悉礼仪、酒量较大、能歌善舞者充当胡达音图鲁(代东人)。

迎亲人数须双方事先议妥，应为奇数。一般为5~9名。新郎着民族新装、拷箭袋，携带给新娘制作的蒙古袍、坎肩、靴子、耳坠及送给女方亲眷的礼品。礼品视家庭情况而备，没有特别规定。蒙古族赠送礼品时必须亲手递送到接受礼品者手中，否则认为不恭敬。

娶亲的马队到来时，女方以代东人为首，唱颂祝词人、数名敬酒人出来迎接。这时女方祝词人开始以朗诵的形式向娶亲人提出很多问题，双方互问互答，词句流畅、幽默。除沿用古老的喜庆词语外，还要即兴提问，随意发挥，见人论人，见景论景，充分表现了四子部落浓郁的民族风情，这种诙谐有趣的互问对答是婚礼中一项传统的喜庆形式。

祝词人完成这种双方戏谑的形式后，将迎亲人请进蒙古包。代东人高声宣布婚宴开始。婚宴上要摆放羊背子、上茶点、敬美酒，女方邀来的女歌手高唱喜庆的婚礼歌曲。而后新郎逐次按亲朋辈分敬酒。男方祝词人高举酒杯唱诵祝酒词。

婚宴持续时间长短视新郎家远近而定，新郎家如相距较近，婚宴结束迎亲人当日可返回，如果相距较远，婚宴要持续到次日清晨，以便迎亲人可以整天赶路返回新郎家。送亲临别时还要再次欢唱送亲歌。歌词大意是告诫姑娘到婆家要孝敬长辈、夫妇和睦、照看好牲畜和不要忘记父母养育之恩等。

行前装扮一新的新娘要由伴娘、陪嫂陪同坐在毡房内东南侧的坐垫上等候新郎，此时新郎由陪嫂及迎亲人陪同走进毡包，为了显示男子汉的阳刚之气将一根羊后腿骨粗的一端让新娘握紧，细的一端用左手握紧，用右手大拇指将一块粗哈达（称为散白）包住踝骨压下后，再装入右靴筒内。出门时男方陪嫂给新娘戴上新呢帽，蒙上紫红面纱，送上马背，告别亲人走向新的生活。途中，新娘快马而驰，新郎要纵马追赶上新娘从里侧抓住马嚼子，用箭头将新娘蒙面纱挑开，端详新娘面貌，双方发出会心的喜悦。

迎亲队伍到家后要顺时针乘马绕营子三圈，然后将新娘扶下马，踩着事先准备的毡子或地毯进入新房，不能脚踏泥土地。进入新房后由伴娘用新郎佩戴刀鞘中的单股筷子分理新娘的头发，进行梳头、佩戴首饰、换上新装。一切准备就绪，开始拜佛、拜火、拜见长辈和亲眷。新媳妇叩拜时婆母要给请来的喇嘛献哈达，为儿媳求赐名，让儿媳尝鲜奶，亲手为儿媳佩戴珊瑚戒指、银手镯，亲吻儿媳右脸。

由于新娘佩戴较沉重的头戴，行叩拜礼时只是点头表示磕头即可。然后由代东引导按辈分、年龄依次拜见亲朋。新娘行叩拜礼时，对方要赠送礼品，多赠送适龄母畜（牛、马、驼、羊），象征人畜兴旺，也可赠以金银珠宝、衣物等。

磕头礼仪结束后，新娘倒着退出毡包，重新梳洗装扮后再进入包内，由新郎、新娘向众亲友请安问好。再依次序向长辈敬换鼻烟壶。喜庆婚宴拉开序幕，开始上茶、敬酒、放羊背子，接着祝词人唱诵婚礼诵词，酒兴方浓，民歌礼歌经久不断，一派浓郁的民族喜庆祥和气氛。

婚宴后，由陪嫂将新婚夫妇引入新毡房，由祝词者将熟羊尾、四根长肋骨插放在蒙古包东西两边的乌尼上（蒙古包椽支架），同时还要唱诵新房赞美词。赞美词淋漓尽致地唱出了新房如意吉祥，并请新郎、新娘分食羊尾、肋骨，以象征夫妇白头到老、患难与共、人丁兴旺、

牛羊满坡、忠贞不渝、永不分离。

送亲人返回时，男方长辈不出门相送，由代东在包前摆酒席，为送亲者敬酒三杯，称为送行上马酒。新郎和伴随人员事先快马赶在送亲人前面为他们行礼送别。

如路途较远，婚宴将彻夜进行。夜晚双方陪嫂将新婚夫妇导入洞房，帮助二人将外衣脱下，请他们躺在一起，共枕一个枕头上，陪嫂将灯熄灭退出，以表示共寝共枕合欢美好。

次日清晨，陪嫂们将新媳妇叫醒，让她揭开蒙古包额如贺（天窗盖毡），在新房内摆上奶食、熟肋骨、油炸果子等，为新媳妇祝福，祝福她早起多福、勤劳发家、多福多子。

丧葬礼仪

蒙古族在丧葬吊唁方面有其独特的礼仪。自古以来就有野葬、土葬、水葬、火葬的习俗。蒙古民族以游牧为生，早先对死者主要是用野葬的方式，随着时代的进步逐渐为火葬和土葬所代替。吊唁一般3~5天，亲朋吊唁时只将一条哈达敬奉灵前施礼即可。

四子部蒙古族也有守忌日的习俗，忌日内不杀牲、不食肉，以素食奶食为主。也有守孝的习俗，守孝期不等，大致分为二十一天、四十九天、百日、半年及一年。守

孝期帽顶拴缀蓝布,孝期内不理发、不刮须、亲朋见面不问好,只问及牲畜平安,以示对亡灵的悼念。

火葬:依照四子部旧俗,火葬原多用于贵族、活佛、喇嘛等上层官员。如朝克文都黑石崖的一块山谷就是四子部王爷家族的火葬场地,至今遗迹犹存。高僧、活佛的骨灰要置于修建的白塔中,俗家多送往五台山或者放置洞穴中,也有将骨灰埋于亡者出生地的习俗。

近代火葬已在四子部普遍沿用。亡者在重病弥留之际,在场亲属要尽快告知子女和近亲,以便诀别留言。人亡故后,请喇嘛来念经,择火葬地址。死者骨灰要等躯体完全焚尽,次日去拣出骨灰装入袋内带回,而后可依照亡者生前愿望安置遗骨。

蒙古族禁忌

做客禁忌:骑马或坐车到蒙古族牧民家做客,离蒙古包稍远处就要下马或下车,以免惊动畜群,不能打狗、骂狗,待主人看住狗再进包。客人进包时要注意着装,切不可挽着袖子,或把衣襟掖在腰带上,马鞭不能带进包内,要把马鞭立放在蒙古包右侧,进包不能踩门槛,从左边撩门帘而进,入包后忌坐在佛龛前。

火忌:蒙古族崇拜火、火神和灶神,认为火是驱妖辟邪的圣洁之神。所以进蒙古包后不得在炉灶上磕烟袋,摔东西,不得在火炉上烤脚、烤靴子,不能跨越炉灶,不得用刀子挑火或将刀子插入火中。

水忌:蒙古族认为水是圣洁的神灵,忌在河流特别是饮用水的河流中洗浴,更不许在河中洗脏衣服或将不洁净的东西投入河水中。

病忌:家中有重病人或危重病人时,一般在蒙古包左侧挂一根绳子,并将绳子的一端埋在土里,说明家中有患重病者,不接待客人。

产忌:蒙古族妇女生孩子不准外人进入产妇毡房,并在蒙古包门旁挂一个明显标记。生男孩挂弓箭,生女孩挂红布,客人见此标记要止步。

饮食禁忌:不能将别人送来食物的容器空着还回。必须在容器中放点东西。不能给别人送死牲畜肉。

傍晚不能带着红(肉)食进产妇家中。

不能带红(肉)食参加用白食祭祀的敖包。

不能从食物上跨过。

随着社会的发展和时代的进步,蒙古民族中一些带有迷信、宗教色彩的礼仪、忌讳已逐渐地消失,而那些古朴的民风、优良的传统美德得到了进一步的发展并发扬光大,

二人台

形成了社会主义的新风尚。

民间音乐
地方戏二人台

二人台唱腔、旋律和地方语言紧密结合，是我国北方地区优秀的剧种之一，历史悠久，是中华文化上绝无仅有的由蒙古族与汉族两个民族共同创造出来的文化遗产，是民族团结、民族和谐的象征产物。2006年5月20日，二人台经国务院批准列入第一批国家级非物质文化遗产名录。

关于二人台的形成时间和地点，有两种说法：一说清光绪年间（1875～1908年）于内蒙古西部土默特旗一带，在蒙汉民歌和曲艺丝弦做腔的基础上，吸收民间社火中的汉族舞蹈，创造了一丑一旦，

载歌载舞的表演形式，取名"蒙古曲"；一说它是由清朝咸丰、同治年间（1851～1874年）曲艺做打腔结合秧歌中"踢股子"等舞蹈动作，发展而成。之后，由山西的逃荒者传到内蒙古西部，又吸收了蒙古族歌曲而进一步成长起来。

二人台最初只是农民在劳动余暇自我娱乐的一种化装表演形式。东路二人台在中华人民共和国成立前没有女演员，直到老艺人玉百灵走上舞台，才成为二人台第一代职业女艺人。

早期二人台的表演形式比较单一，角色只有一丑一旦，服装也很简陋，道具只有手帕、折扇、霸王鞭，乐器伴奏只有笛子、四胡、扬琴、四块瓦（或梆子）。所唱的多是五更、

四季、十二月一类的小曲，如《红云》《十段锦》《十对花》等。舞蹈的身段和秧歌大同小异。演唱多以第三人称进行，情节简单，少有鲜明的人物形象。

民国以后，随着二人台的向外传播，在演出中，艺人们对二人台进行了改革和创新，特别是从民歌中汲取素材，并加以改编，如《走西口》原来是以第二人称对唱的形式演出，改编后成为以第一人称进行表演，加进了情节和人物的小戏。随着二人台演出内容的丰富，它的音乐、表演和服饰也有所创新。在音乐唱腔方面，由原来的专曲专用，一曲到底，发展为多曲联用；唱腔也出现了亮调、慢板、流水板、捏字板等简单的板式变化。

1949年后，二人台得到了蓬勃的发展，先后在内蒙古自治区、山西的河曲、阳高、大同，河北的张北、沽源、尚义、康保以及陕西的榆林、府谷等地建立二人台专业演出团体和培养二人台演员的艺术学校。仅内蒙古西部就有专业剧团5个，以演二人台小戏为主的乌兰牧骑26个，此外各地还有许多业余剧团。

二人台分硬码戏、带鞭戏与对唱三大类。硬码戏注重唱、念、做，要求表演者有较好的嗓音条件；带鞭戏注重舞蹈表演；对唱由二人交替演唱。

二人台的唱腔，基本上是专剧专曲，一曲一调。根据剧情变化，演唱时用慢、中、快的三拍式速度。因完全用当地方言，故与普通话的声韵不同。语言通俗易懂，形象生动，常用比兴的手法，形成的曲调、唱腔别有风味。

二人台的传统音乐唱腔比较丰富，多数是在一些民歌小调的基础上发展而成的。最基本的曲调有"爬山调""烂席片"，此外，还吸收了其他民歌的曲子和其他剧种的一些曲牌，以丰富其表现力。其音乐形式，基本上属于民歌结构，因而作为戏剧音乐还是很不成熟的。为了演唱方便，表演通常只有两人，即一生一旦，或一丑一旦，有时一人可以交替饰演几个角色，俗称"抹帽戏"。随着二人台的不断改革和发展，由多个演员表演阵容较大的梆子戏剧目，也取得较好效果。演奏和伴奏时，主要有扬琴、笛子、四胡、二胡、四块瓦等乐器。音乐具有优美、清新、秀丽、明朗等特点。

2011年玉派二人台传统剧目表演被列入乌兰察布市市级非物质文化遗产名录。

玉派二人台传统剧目创始人玉百灵，本名吴培仁，是第一代地方戏的名角。代表作有《卖菜》《压糕面》《走西口》《卖碗》《牧牛》《放羊》……20岁时参加中华人民共和国成立十周年少数民族文艺汇演，在人民大会堂演出《小牧牛》。

二人台艺人王文豹是玉派二人台传统剧目传承人。师从吴培仁老艺人，多次参加国家、自治区、盟市及旗县级汇报演出。2008年参加内蒙古电视台《西口风》栏目——改革开放30周年成果展。1996年自筹资金成立四子王旗海星歌剧团。多年来，招收二人台学员100余名，积极为二人台传统剧目的传承不断努力。

马头琴

马头琴是蒙古民间拉弦乐器。蒙古语称"绰尔"。琴身木制，长约一米，有两根弦。

传说中马头琴是2500年前东胡人在马梢子上面蒙了牛皮，拿马尾做了弦制作而成。据历史资料显示，古代蒙古人把酸奶勺子加工之后蒙上牛皮，拉上两根马尾弦，当乐器演奏，称之为勺形胡琴。这就是马头琴的前身。

到18世纪初，马头琴的外观及结构有了很大的变化，共鸣箱为梯形且比原来大多了，琴头多为马头，马头琴的两个弦，粗弦为阳弦，细弦为阴弦，这样声音也大，发出更洪亮的颤音。喜欢骏马的蒙古民族用马头雕装乐器，充分体现蒙古族人民的思想感情。由此，现在国内外都统一称之为马头琴。2005年5月蒙古族马头琴音乐被列入第一批国家级非物质文化遗产名录。

马头琴演奏

根斯格达来是四子部落蒙古族马头琴演奏技艺第三代传承人，是中国马头琴学会会员，青年马头琴演奏家、艺术教育专家，多次获得全国及自治区级马头琴比赛优秀指导教师奖。马头琴曲代表作有：《杜尔伯特之声》《蒙古骑士》《神马》等曲目。

他曾经于2001年参加齐宝力高世界马头琴吉尼斯纪录演奏会，2008年参加北京奥运会开幕式演出。1991~2007年参加每年一度的内蒙古自治区旅游那达慕大会文艺演出任务。30多年来，他在四子王旗苏木、乡、镇边防下乡演出百余次，为乌兰察布文艺界民族文化事业做出了显著贡献。他先后开办了"杜尔伯特"马头琴培训班、"农牧民"马头琴培训班，参加乌兰察布市首届"杜尔伯特杯"马头琴大奖赛，并获得奖项。

他先后创作的歌曲及马头琴曲目有100多首，深受社会各界喜爱并广为传唱，创作的曲目被八省区电视台评为优秀歌曲。他是乌兰察布市马头琴事业的奠基人，为乌兰察布市非物质文化遗产做出突出贡献。

呼麦

"潮尔"，就是现在人们说的"呼麦"，是一个人的口腔里发出的回音式的声音，很奇特，也很好听，有口呼麦、喉潮尔、胸潮尔等。"呼麦"专指人体器官之喉咙部位。

"呼麦"是蒙古族原生态艺术表演形式。这种奇特的艺术，其当时的本名就称作"潮尔"，"呼麦"的俗称是之后随着各种文化形态与信息交流、传播活动的增强而逐步形成的。声乐类"潮尔"的标准全称是"浩赉音潮尔"。四子部存在过"呼麦"的事实，彻底颠覆了认为"内蒙古没有呼麦"的偏见。

四子部落四种不同声效、自成一派的"潮尔（呼麦）"，在20世纪相当长的历史时期内，得以绘声绘色的传播，取悦于民，取悦于社会。无论怎样时过境迁，人类自己发明创造并且深深扎根于心田的这株艺术奇葩，终归还是不会被遗忘的。

四子部落潮尔（呼麦）种类：

1. 口腔式潮尔。通常是气息流量掌控，口腔调节结合软、硬腭技巧功能运用发出的、高亢响亮的二重结构音效果。如：巴图敖其尔的潮尔或呼麦。

2. 喉腔式潮尔。通常是气息流量掌控，喉管调节结合软腭的技巧功能运用发出的、从容协和的二重结构音效果。如：巴图敖其尔的潮尔或呼麦。

3. 胸腔式潮尔。通常是气息流

百人长调

量掌控，胸腔结合喉管调节，辅以软腭技巧功能运用发出的、宏厚深沉的二重结构音效果。如：巴图敖其尔的潮尔或呼麦。

4.哨音潮尔。这是传统"口腔式潮尔"的发展形式。以舌尖上卷，结合口、齿、腭的技巧功能运用发出的、具有金属穿透力的二重结构音效果。如：翁都尔呼仁的哨音潮尔或呼麦。

四子部"潮尔（呼麦）"早先无特定曲目，一般以民歌里的长调体裁居多。或草原，或聚会，或蒙古包里，不受时空限制，均可展示（是指底蕴深厚、功力娴熟的翁都尔呼仁、巴图敖其尔式"大师"级的高手所言）。

古老神奇的《呔咕歌》

对绵羊和山羊弥合母子情感的《呔咕歌》，是蒙古民族实践人与自然和谐的经典。每当春归大地之际，是北方草原万物复苏繁衍的季节，是牧民养殖的五畜开始产子繁殖的季节。然而有极个别的牲畜刚步入母亲行列，企图逃避做母亲的职责，不喂养所产子畜，羔儿一旦落地，便匆匆起身扬长而去的现象。除此之外，由于种种缘故，母羊所产的羔儿不幸夭折，同时也有羔儿丧失母亲的现象。为了缓解这种现状，重新组合母子缘分，满怀母爱的牧民妇女，用羔羊身上的胎液或粪便涂在母羊的鼻子上，然后一边让母羊给羔儿喂奶，一边借助一首熟悉的长调牧歌，温馨脉脉地给步入母亲行列的小母羊歌唱，悠扬的哎咕歌声，在晚霞中飘向原野。

这般源远流长的牧歌富有抚慰心灵、感化灵魂的传奇功能。而且这种旋律优美、悠悠动听的《哎咕歌》的歌词极为简单、古朴，只有无止境的重复：哎咕、哎咕、哎咕……二字（对于山羊所唱的则是：且咕、且咕、且咕……）。然而古老淳朴、悠扬雄浑的《哎咕歌》魅力无穷，能使缺乏母爱的母畜顿然领悟作为母亲的职责与使命，并通过嗅闻羔儿身上的气息，沟通情感，开始主动接纳羔儿并哺乳，从而使母子（包括被重新组合的母子）之间的亲密关系得以弥足圆满。

另外，五畜之首骆驼也有上述情景，个别产头胎的母驼也有不恋羔儿的现象。牧民给母驼耐心地演奏动听的潮尔（即如今的马头琴）。悠扬传神、撩拨心绪的琴声有抚慰大自然的神奇功能，使那性格倔强、缺乏母爱的母驼渐渐被感化，其眺望天边的目光变得多愁善感时，能看到母驼从一对美丽的毛乎乎大眼里掉下眼泪。于是，天赋母爱之情终于得以复苏，母驼不由自主地回过头来，闻着由它孕育而生的羔儿的气息，主动开始给羔儿喂奶，使母子成为亲密无间的生命体系。此外，琴声对于极个别产了头胎子畜后不恋子女的牛和马，同样具有感化其心灵、弥合母子亲情的作用。

20世纪70年代以前，曾经出现过多次由《哎咕歌》所致的令人震撼的生动场景。每当春季的傍晚，羊群牧归各自的浩特之后，给刚刚

盘羊

出世的子畜配奶的牧民妇女，开始
在浩特的羊群中忙碌，此起彼伏的
天籁之音——呔咕歌声开始在晚霞
灿烂的空中飘荡。天籁般牧歌的神
韵抚慰着寂静的旷野，那栖息于周
边山川平原上的黄羊、北山羊、狍
子、羚羊、马鹿以及蒙古野驴等种
类繁多的野生动物家族，都被悠扬
的呔咕歌声所吸引，纷纷停在原地，
挺直了脖颈，竖起耳朵，聆听着时
隐时现的歌声。特别是生来就喜好
音乐的盘羊家族，忘乎所以地奔向
歌声传来的方向，纷纷从高山峻岭
上跑了下来，匆匆赶到歌声荡漾的
畜群旁边，陶醉于那扣人心弦的呔
咕歌声之中，一动不动，而且各个
都显得异常激动，每只盘羊都会泪
流满面。甚至歌声早已停止的夜深
人静，那些迷恋《呔咕歌》的盘羊
家族仍流连忘返，依然徘徊在曾经
歌声荡起的浩特附近。

　　所以，自古以来敬畏大自然的
蒙古民族，由衷赏识栖息于山间而
嗜好音乐、善解人意的盘羊，喜欢
它们性格温顺、追崇美好、安分守己、
与世无争、相貌典雅的天赋。蒙古
族妇女佩戴的庄重、典雅、华贵的
角状首饰，就是模拟盘羊头顶上的
一对美丽的大犄角。这一范例充分
佐证，泱泱数千年的游牧文明，处
处都在践行人与自然完美和谐，自
始至终都在实践人与万物彼此敬畏、
平等互惠的生态文明理念。

蒙古包

　　在古今中外的建筑史上，世界
各民族曾经产生了许多闻名于世，
令人叹为观止的经典杰作。其中，
游牧民族逐水草而居的移动式住
宅——蒙古包建筑则是别具一格的
文化奇葩。它不仅彰显了游牧民族
崇尚自然、与自然和谐相处、顺应
自然的生态文明理念，而且蕴含着
蒙古民族丰富的创造力和聪明才智，
使之成为博大精深、灿烂于世的草
原文化核心之一。

　　蒙古包建筑文化的历史非常久
远。早在远古时期，生存于蒙古高
原森林之中的原始部族，就发明了
木质结构圆锥体窝棚式的住宅，即
早期的"蒙兀乐格日"（即蒙古居室，
历史上称为毡帐，蒙古包之称是中
华人民共和国成立初形成的名词）
的雏形。到了中古时代，北方先民
随着狩猎经济的稳定发展和产品富
余，通过驯化野生动物转为养殖畜
牧业的经济模式，逐步发展成为规
模化的游牧经济体制。随着游牧经
济的发展，早期蒙古包的结构、造
型风格也发生了变化，由原先使用
树皮之类封闭的圆锥体简陋的住宅，
演变为用兽皮或毛毡加以封闭的穹
庐式造型结构，使得蒙古包住宅的

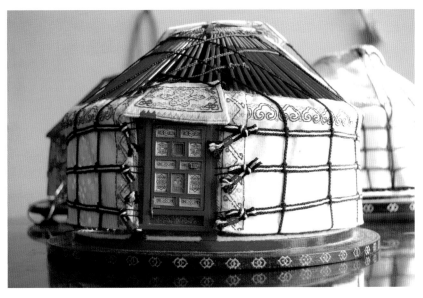

微型蒙古包

遮风、挡雨、保暖和安全功能更加完善，远比从前的住宅精致、舒适。

自古至今，蒙古包建筑像一朵永不凋谢的花朵，保持着旺盛的生命力，且深受蒙古族人民的喜爱，究其原因，不外乎有两大因素：一是自然游牧的经济体制所制。因蒙古包适合于一年四季逐水草而游牧的生产、生活需求。二是蒙古包建筑始终根植于生态文明理念之中。持续发展的文化背景，是数千年以来，崇尚自然、敬畏自然、人与自然全面和谐的长生天信仰宗旨所致。至此，在漫长的游牧历史进程中，蒙古包建筑也和其他绚丽多姿、独具特色的草原文化异曲同工，完全属于游牧文明丰硕成果。

穹庐式蒙古包住宅，堪称是建筑史上的典范，它具备了诸多异乎寻常的奇特功能。比如：牧人不出门待在家里，依据天窗的双重十字框架，便可准确无误地辨别方位；根据从天窗照射进来的光线移动的部位，能够准确地掌握具体时辰。蒙古包的毡壁吸收室内炉火散发的热量之后不易散去，是最佳遮风、避雨、保暖的设施。这种三至四层（外三内一）的毡壁丝毫不隔音，人们待在屋里如同亲临野外，对于风雨气象变幻以及南来北往的人畜动静能了如指掌。

蒙古包建筑将绚丽多姿的文化内涵巧妙地融为一体的，这是其他任何住宅建筑都无法与之相提并论的。蒙古包建筑选材讲究，具有结构合理、居住舒适、搭建容易、拆

战车包

蒙古包

卸方便、搬运轻便等诸多优点，完全适合游牧起居生活。蒙古人取暖和煮饭以牛羊粪为燃料，燃过的灰烬又可变为滋润自然植被的有机肥料；蒙古包的拆迁与搭建，对于地表植被构不成实质性的伤害；在滴水成冰的严冬，其三至四层内外毡壁，使室内能够保持舒适的恒温；在盛夏酷暑炎热之中，只要把蒙古包底端的毡壁撩起少许，室内通风形成的凉爽让人格外舒坦惬意。

蒙古包建筑的设计理念，充分体现了节能、环保、绿色、减排和低碳之功能。因为蒙古包属于穹庐式结构，其采光十分匀称，受风阻力极小；抗震能力强，安全系数高。蒙古包建筑如同独树一帜的蒙古族长调、呼麦和马头琴以其天籁般美妙的韵律震撼世界那般，是源自大自然、感恩大自然、抚慰大自然的

文化经典，是游牧文明孕育而生的杰作，是人类文明史上当之无愧的建筑文化瑰宝。

五畜过年的礼俗

每逢过年（春节）的时候，蒙古人有着为牲畜过年祝福的习俗。他们认为过年是人们最欢乐的时节，理应让自己所牧养的畜群也享受欢乐气氛。

为牲畜过年时，要远离浩特牧点，选择水草丰美的野地牧场举行。有些地方还有专门指定的为牲畜过年的场所。

为牲畜过年时，一般以浩特牧点为单位，选定好日子，约定好具体时间、地点之后，通知各家各户。各个牧户根据各自的生活状况携带奶食、黄油、酒肉、饺子、包子等前往。因某种原因不能前去的牧户可以拜托邻居捎去砖茶、奶食、酒肉等"牲

五畜

畜过年礼份"。聚会时,不分男女老少,有的骑着马、骑着骆驼,有的乘坐马车、牛车,载着蒙古包、帐篷,带上锅碗瓢盆及食物,大有赶集之势。立好蒙古包、帐篷之后,主持头领便到处收纳各户带来的饮食佳品,妇女们用大锅熬茶煮肉。大盘摆满奶食,铜壶、瓷坛斟满祭酒。奶茶熬好,肉食下水煮沸入味之后,为牲畜过年的仪式正式开始。首先庆典的长辈领头,拿起奶食、祭酒、奶茶、肉食的德吉(精华),敬供火神、苍天、十方诸神,祈祷在新的一年里恩赐风调雨顺、五畜兴旺。而后在煮肉汤里熬阿木苏(加黄油、肉块的什锦稠粥),还要备好奶茶、酒水、整羊、饺子、切面、奶食等牲畜过年仪式用品。这七种银饰品备齐之后,用其供洒献祭,开始为

畜群祝福洗礼。将五畜赶到近处,从每个畜群中选出头畜开始洗礼。一般对种牛、种驼、种马、种绵羊、种山羊和高产母畜、曾得奖的著名快马、走马和杆子马以及危机时刻救主的坐骑、供神畜等逐一进行祝福洗礼。在种马的臀部抛洒鲜奶,额顶上抹摩黄油阿木苏祝福道:"成为万马之首、千驹之冠!"遂授戴彩带放回群中;在种公驼鼻子、膝盖、鬃毛上抹摩阿木苏祝福道:"躯体魁梧如山,驼峰耸立如巅";祝福种牛道:"万牛中成为头畜,让犊仔布满山川!"祝福种公羊道:"仔畜千千万,繁殖年翻番,数量如星繁!"

为牲畜洗礼结束后,主持头领带领部分长辈和青年,手举盛有奶食的盘子、装有红枣和糖果的袋子

五畜祭祀吉祥物名曰折额巴阿达（驼嘴、绵羊角、山羊耳、牛鼻、马眼合成）

串行在畜群之中，招福道："膘肥雄健的马群福禄，呼瑞，呼瑞！乳源流长的牛群福禄，呼瑞，呼瑞！仔畜繁衍的驼群福禄，呼瑞，呼瑞！温顺吉祥的绵羊群福禄，呼瑞，呼瑞！活泼伶俐的山羊群福禄，呼瑞，呼瑞！气运升腾！福禄降临，来临……"招福一行人在畜群中随着太阳正转一圈回来时，留在毡房、帐篷的人们迎接出来问道："福禄到了吗？"招福人回答："福禄到了，全到了"，同时，从盘子、袋子里拿出奶食、糖果分给众人品尝。对未能来到现场但捎来过年礼份的人家也要留给一份招福的食品。在畜群中为牲畜行走招福时严格禁止拿有"红食"（即肉类），只拿盛奶食的木盘和盛祭酹的银碗进行招福。招福袋子要用过滤奶酪或卓亥的纱袋制成，特别忌讳使用其他袋

子。在为牲畜过年的宴会上，要让放牧者就座于上首，视为贵宾来招待。虽有长辈和老者在场，也不能坐在放牧者的上首。在这个宴会上，达官贵人也同样要给这些日夜看护牧养畜群的放牧者逐一敬酒。

为牲畜过年的仪式上，人们欢聚一堂，喜气洋洋，还要举行摔跤、赛马、射箭男子三项竞技以及唱歌跳舞等娱乐活动。待到傍晚时分，参加仪式的人们各自回家。这时家人迎上前来问安："过年好？"答道："好，好，过年安好"，遂将带来的"牲畜过年福禄"分给家人品尝。为牲畜过年的当晚，全家男女老少一起出门迎接自家的畜群圈宿。有些人家还用牲畜过年的福禄为自家畜群的头畜进行洗礼祝福。进行牲畜过年仪式后的三天里忌讳过度驱赶或打骂牲畜，而且仔细统计牲畜头数，避免牲畜在野外过夜。

祭祀文化

HUASHUONEIMENGGUSiziwangqi

祭 祀 文 化

JISIWENHUA

祭祀是蒙古族古老盛大的活动，至今依然保留着其独特的文化风采，时间赋予祭祀的文化内涵和传统寓意渐趋丰沛，祈盼风调雨顺、人畜兴旺、国泰民安。

哈萨尔祭祀

哈萨尔是成吉思汗的二弟，是古老科尔沁部落的始主。蒙古各部都有拜祖传统，四子部落也不例外，与东至科尔沁部，西至阿拉善和硕特部同祭一祖哈萨尔。西迁后，哈萨尔裔部拜祖祭灵毡帐一直在乌兰察布几部流行。随着游牧札萨克府的迁址，祭祖毡帐遗址也有多处。

出征前的祭天、祭纛、祭祖是祖上既定的古老习俗，《蒙古秘史》中就有多处记载。哈萨尔是一位神箭手战将，其祖灵毡帐象征着祖宗的"翁古德"灵气之照，是克敌、化险、制胜的象征，故与敖包、花纛并列成了乌兰察布会盟各部的三大信仰和精神寄托。这种祭奠传承至今，脉络清晰、礼仪陈规不染。

由于四子部落是乌兰察布会盟核心部落，地理上又靠近清朝将军衙署。在过去的大部分时间里，均

哈萨尔雕像

由四子部札萨克鄂木布王爷和其子嗣出任乌兰察布楚古拉根（盟）首领，故长期以来形成了茂明安部管理维护祖先"翁古德"（祖灵毡帐），四子部落主持乌兰察布全盟通祭事项的局面。

祭祀场景

哈萨尔祭祀有三种形式：一是日祭（日常祭），二是季度祭，三是年祭（大年三十）。

农历二月二十七、五月二十七、七月二十七、十月二十七是季度祭之日，其中有大、中祭之分，五月、十月为大祭，二月、七月为中祭之日。

每当祭日，祭祀仪程一般分三步进行。首先是敖包祭祀，其次是哈萨尔祭祀，最后是花苏鲁锭祭祀。

祭祀的主持者是世袭传承人，称"呼和"。遗留下来的祭祀经文有：《北斗七星祭词》《哈萨尔祭奠毡帐颂》《哈萨尔祈祷词》《苏鲁锭桑》（黑花苏鲁锭祭祀燃香经）《成吉思汗桑》（成吉思汗祭祀燃香经）《苏鲁锭献哈达祈祷经》《献全羊祈祷经》《花苏鲁锭祭祀词》《哈萨尔咒经》等历史文献资料。

每年大年三十哈萨尔祭祀与花苏鲁锭祭祀合并举行，现已成为盛大的群众性文化活动节日。按照传统，世袭的主祭们向四个"道劳"安排祭祀所需的全羊、其他用品及相关事项，并主持当日祭祀活动。2002年5月，由格根塔拉草原旅游公司捐资制作哈萨尔雕塑，由内蒙古大学蒙古学院、内蒙古师范大学学者会同雕创。当年6月，在格根塔拉草原举行了隆重揭牌仪式。仪式上成吉思汗陵达尔哈达总伺祭古日扎布、苏鲁锭大达日哈达白音青格勒、额贞（成吉思汗陵）大达日哈达朝鲁巴特尔等特邀参加。四子王旗老同志代表同贝、扎拉森照乐、包嘎迪、贾敖其尔、斯仁嘎瓦、当代、赛音巴雅尔、彭斯格道尔吉、特木尔、哈斯巴根、贾都格尔以及格根塔拉草原旅游公司总经理牧人等，与当地牧民及游人见证了这一历史时刻。

2012 年 7 月，旗政府投资由草原文化学者满都麦设计，在乌兰花镇中心修建了规模宏伟的哈萨尔广场，并塑起 28 米高的哈萨尔骑马远眺的巨幅铜像，使广场的整个文化设施再现了四子部落的历史发展。同时在哈萨尔广场搭建了哈萨尔祭祀毡帐，从而使哈萨尔祭奠有了固定场所。按照传统哈萨尔祭祀一年五祭，尤其是大年三十的小祭，与中国人传统春节相互映衬，形成了一个丰富多彩、浑然一体的节日文化活动。

祭祀按传统程序进行：首先升香火，然后唱呼麦和引歌序韵（蒙古语说：道奥都如呼），大家跪拜在三排白羊毛毡上，双手掌心朝上共敬哈达于祭台，由主祭人员诵"哈达祈祷经"。随即，传长明灯，诵"献长明灯祈祷词"。接着"供全羊，献供品"。将所有供品献到祭台上，同时诵"献全羊祈祷经"。这时主祭一人将"光福普惠银杯斟满酒"，从前排首祭人手掌上传递，诵"献酒祈祷词"，众人又是三行跪拜。这时"花苏鲁锭普惠燃香经"（蒙古语叫桑）开始，人们将腰带一头放松，挂至胸上，静坐祈祷。完毕后主祭司喊话："献苏鲁锭圣水"，

这时大家起立，双手手心朝上等待主祭者分发的"普惠赏恩——福分"的降至。至此，祭祀大体完毕。

祖灵毡帐除特殊情况以外，一般固定不变。由轮值道劳的指定人员日夜奉伺。日常拜祭的伺品有："也赫哈日努木"（大黑弓）、"准德尔巴林"（一种叫朵马的面塑偶）、"奇米日"（大麦面粉）、"陶力满达"（铜镜与△形五谷堆曼扎罗筑坛），"本巴"（圣水、香水）水盅、长明灯、香炉、五色彩带、绸丝哈达、经文、茶等。逢月初一、十五换水盅，长明灯日夜添加。花苏鲁锭系另屋祭祀，供品、伺品同上。逢大祭时，供品较为特别。4 个道劳献 4 只全羊，旗衙门自己另筹备全羊。

祭祀供品

哈萨尔神峰

除此之外还有1只做卓里特（宰羊时下巴、气管、五脏不分割），外加右前腿（带皮汤毛）。在祭祀日，祖灵毡帐门左侧有一人拿着大黑弓，将卓里特挂在弓的上耳上，弦箭东北方向，左膝蹲作拉弓之势直至诵经完毕，这叫卓里特祭祀，一般情况下是继升香、引唱（呼麦、引歌曲、或圣主成吉思汗）后的第三个议程，接下来是献全羊。

祭祀结束前，还有一项议程，即分发"善待"。蒙古语为"土格额勒"或"贺喜格土格额勒"，就是共享祖先的福分肉食。祭祀现场布有四个"满京陶高"（特大铸铁锅），每个道劳各一口，专用于煮羊肉分发"善待"之用。由各道劳宝尔齐专人分发"善待"，凡在场的所有人，不分男女老少，不分贵贱贫富，人人可分得"贺喜格"，这是天赐善吉，普惠恩赏，所以一律公平。

祭祀完毕后，由当日轮值道劳奉伺人拿回卓里特享用，这被视为是一种莫大的荣耀。

敖包祭祀

祭敖包是蒙古族古老盛大的祭祀活动之一。

随着时代的变迁与发展，敖包在传统文化的基础上，地域性人文精神文化色彩有增无减，依然保留着独具特色的敖包文化风采。在广袤草原各地游牧的蒙古民族，赋予敖包的文化内涵和使命寓意渐趋充沛，将祈盼风调雨顺、人畜兴旺、祥和安宁，以及憧憬美好之愿望，统统寄托于敖包祭祀中。

四子王旗境内敖包分为旗祭祀敖包、苏木祭祀敖包、嘎查祭祀敖包、召庙祭祀敖包、友邻旗界共祭敖包等。其中最古老的敖包当称"河子当朗敖包"（七座敖包，亦称七星敖包）。

敖包的祭祀形式大体分为"荤祭"和"素祭"两大类。所谓的"荤

天然七星敖包

祭品

祭"（通常为红祭）其实是远古时期祭祀形式的延续，是以煮熟的全羊或牛肉之类为主，配套一些相关的奶制品、酒水之类作为祭祀品。所谓的"素祭"（通常为白祭）是喇嘛教进入草原之后形成的一种祭祀形式。凡是以素食来祭祀的敖包普遍属于寺庙或由喇嘛主持修建的。

草原上的每座敖包都有其固定的祭祀形式。从春暖花开季一直到碧浪起伏的初秋（农历五月中旬至七八月），草原上的敖包祭祀活动便连绵不断。有些敖包由于当初赋予的文化使命独特，所以祭祀时间也与众不同。

据调查了解，自蒙元时期以来，草原上的大多数敖包普遍都在每年阴历五月十三这天举行祭祀活动。

蒙古民族普遍推崇数字13的习俗由来已久，而且在整个蒙古族的文化习俗中处处推崇这一数字。所以，将许多敖包的祭日统一为（阴历的五月）十三这一天，完全是为了迎合十三阿塔腾格里而择定的日子。

临近祭日的头两天，在负责敖包的东道主和德高望重的长辈们的指挥下，从具有灵气的圣地取来绿树枝，将上年装饰敖包顶端的旧树枝更换下来。这样用鲜活的绿树枝将敖包桅杆下端的顶层部位厚厚的围拢起来，使敖包托起郁郁葱葱的生命之绿色。其象征之一，在远古时期，蒙古人的祖先在一次大战中曾被打败之后躲进了茫茫林海。然后，在绵延至天边的森林中繁衍生息，使弱小的部族终于强盛庞大起

祭祀场景

祭品

来。所以,那些绿树枝象征绿色之海,示意后人勿忘森林挽救祖先之恩;其象征之二,草原上的万物生灵生生不息。希望所有生命都能够像茂盛顽强的绿色树木那样根深叶茂。

此外,还要查看敖包苏鲁锭底座上的鬃旄装饰是否完整,若有脱落或缺损现象,将备用的百马之鬃补齐或更换。之后,把事先制好的8条(根据敖包的不同布局结构,可增减)五色彩带从苏鲁锭桅杆分别拉向作为羽翼或环绕陪衬的每座小敖包的桅杆。华丽招展的彩色拉链是用诸多三角形五色绸缎布块组合排列而成。五种颜色生命,蓝色——智慧,白色——平安,红色——生命,黄色——富贵,绿色——永恒。五种寓意积于一体装点敖包,是在

憧憬美好、富庶、吉祥、安宁和好运永驻家乡草原。经过精心的装点,使饱经沧桑的古老敖包焕然一新,显得格外神奇壮观。与此同时,在东道主的指挥下,还要为前来参拜敖包祭祀及参加那达慕活动的牧民群众,搭建好若干顶蒙古包和装饰精美的帐篷,宰杀足量的牛、羊来准备膳食。

在祭祀仪式开始之前,从四面八方涌来的牧民人家的男户主携领家庭所有男性成员,带着煮熟的全羊、新鲜纯洁的乳制品、茶叶、酒水和柏香等祭祀品来到敖包上依序将供品摆在祭台上。然后,将柏叶熏香置于香炉中点燃,象征其家族前来向敖包神灵报到,并把憧憬吉祥、象征美好的蓝色哈达系在随风

飘动的彩色拉链上。

如今，随着时代发展的脉搏，草原上的敖包祭祀文化也在不断发生变革。位居草原深处的杜尔伯特（四子王旗）的格根查干敖包（既是旗敖包，又是格根塔拉旅游中心的敖包），近年来连续几次的敖包祭祀仪式都是由传承蒙古博教理念的大师和佛教界的喇嘛以各自的宗教仪轨同时来祭祀。或由苏木、嘎查出面，或个人循民俗纷纷开始举办祭敖包活动。这种敖包祭祀形式在草原敖包文化史上实属空前，古今中外也是绝无仅有的，可谓是崇尚自然的敖包祭祀文化新的创新。在敖包祭祀的那天，由敖包东道主负责将神骏白马请到敖包前，给神马洗礼、更新其鬃毛五彩缨穗之际，

神俊白马

让所有朝圣者对它进行膜拜。

前来参拜的牧民大众和有关人员，把各自带来的全羊祭品围绕着祭台摆放得满满当当，实际上整个敖包祭祀仪式完全是按照蒙古博教由来已久的传统理念套数来进行。

此刻，喇嘛们也在一旁按照其佛教理念仪轨，在敖包一旁点燃佛灯和熏香，在祭台上摆放一些五谷、圣水和分别盛有糕点、水果、奶食等祭品的供盘。参加祭祀的喇嘛们

参加祭祀的喇嘛

祭祀场景

按常规手拿牛皮鼓、大小法号、螺旋号、摇鼓、手铃、铜钵，一字形排列坐在敖包一侧进入角色，开始吟诵其藏文祭祀之桑。其实喇嘛教的敖包祭祀程序非常简便，经文吟诵完毕祭祀也就结束了。各种礼仪既不烦琐又充满圣洁虔诚之情。祭献礼仪结束后，举行传统的摔跤、赛马、射箭等文体活动，大家一边围坐在绿草地上观看摔跤、赛马、射箭、文艺活动，一边分食祭天后的供品。青年男女谈情说爱、互诉衷肠的敖包相会也源于此。

祭祀活动接近尾声的时候，为了感恩，所有在场的朝拜者一起举着招福桶，跟着喇嘛排列成长队不停地呼喊着"呼瑞"，按照太阳循环轨道围绕敖包转圈儿。有些地区依然保留着以往传统，所有前来参加朝拜的民众一起跃上马背，个个双手举起招福桶，伴随着马蹄声，呼喊着"呼瑞"围绕敖包旋转，其情景极为壮观。

参拜祭祀的人们离开敖包时，将各自带来的一部分祭品食物带走，其目的是让那些未能亲自前来参加敖包祭祀的老弱病残、待在敖包山下的妇女儿童，以及远行在外的家人和南来北往的过路客人，同样能够分享到已融入天地万象灵气与福祉的圣洁食物。在无上崇尚大自然的广大牧民心目中，只要能够品尝到这种圣洁的食物，将被视为会祛病消灾、富贵长寿、心想事成、大吉大利。

草原上这种以敖包文化为载体，

致力追求人与自然和谐、天人合一的生态道德理念，深刻地影响着整个蒙古民族的生活情趣和审美价值。从日常生活中可以看出蒙古民族为了完美体现与自然贴近和谐的愿望。如：男性为了与苍天保持一致，多穿着天蓝色长袍；女性力图与大地保持默契，多穿戴草绿色服装（随着年龄的增长，服饰的颜色会逐渐变深）；以天之蓝色为尊的哈达作为彰显盛情文雅、象征吉祥、憧憬美好之礼仪；高亢悠扬的长调牧歌以及美妙绝伦的呼麦和富有传奇色彩的马头琴，都是源于自然而又反馈自然的天籁之音，全身心与大自然无障碍地灵犀互通、融为一体，它们是蒙古民族崇尚大自然的伟大创举，也是人类文明史上绝无仅有

的奇妙现象。

蒙古民族在岁末年初之际借助敖包载体来祭祀"蒙和腾格里"的文化习俗极其普遍，也是由来已久的世俗。每当辞旧迎新之际，由于大多数普通百姓都没有真正属于自己家族的敖包，为了方便起见，家家户户都在大年三十这天，采集一些未被人畜践踏过的干净积雪块来，在居住点的西南处垒筑一处临时的敖包，有的户家用雪垒筑的敖包十分精致，作为祭坛使用。然后，大年初一五更时分全家老少一起出动，在摆好供品（也就是全家人将要食用的年饭和准备招待前来拜年者的餐饮之精华）的祭台前点燃神灯和熏香之后，由家中长老将圣洁的乳浆和美酒，敬奉于四面八方及上苍

祭祀场景

祭祀场景

大地，这时全家人一起朝着远古祖先栖居的方向跪在敖包祭坛前进行虔诚的叩拜，膜拜长生天的同时缅怀圣祖先人，并由衷祈祷在新的一年里，国泰民安、风调雨顺、人畜兴旺、心想事成、好运长在。祭拜仪式结束时，家庭尊长举着招福桶，其他成员将供品或食物之类连盘举起，一边顺时针围绕着祭坛转，一边摇晃着手中的食物异口同声地呼喊"呼瑞……"希冀福禄、财源、吉祥源源不断地降临大地，并以阳光雨露惠泽草原万物生灵。

祭拜长生天之后，还要完成一项崇尚自然的古老传统习俗，不论男女老少人人都要开启象征在新的一年中一顺百顺的步履之行。每个人或骑马或步行分别朝着属于各自吉利的方向出发走去，在雪原上踏出象征幸运、喜悦的足迹，然后从满载收获的方向归来。自古以来，蒙古民族特别重视这种在大年初一清晨开启各自步履的文化习俗。

历史悠久的祭敖包深受蒙古族人民的喜爱。它充分体现了牧民热爱家乡、热爱祖国、热爱广阔草原和对美好生活向往及对先辈们的缅怀之情。中华人民共和国成立后，党和政府对传统的祭敖包给予引导，逐步形成了以群众性文艺、体育和小型商业交流为主要内容的活动。宗教祭祀活动只仅仅作为一种礼仪而存在。祭敖包是杜尔伯特草原上欢乐的会、喜庆的会。一座座散布在草原上的巨石堆砌的敖包充满了美妙的神话和梦幻的故事，它们是

敖包祭祀

杜尔伯特草原历史的见证，也是四子王旗的一大人文景观。

祭敖包是蒙古族古老文化的缩影，与此相关的一系列活动和礼仪体现了蒙古民族的创造力。祭敖包包含了蒙古族的传统文化和习俗，对研究游牧文化、蒙古民族发展史具有重要价值。发掘、抢救、保护祭敖包，对促进中华民族文化的认同，增强社会凝聚力，增进民族团结和社会稳定也有重要意义。祭敖包现已申报成为自治区级非物质文化遗产。

阿拉格苏鲁锭（花纛）祭祀

"苏鲁锭"是指大蒙古国时期创制的三面旗徽，亦称纛。即查干（白）苏鲁锭、哈日（黑）苏鲁锭和阿拉格（花）苏鲁锭。分别用白色、黑色和黑白色马鬃为缨。白色象征和平和权威，黑色象征战争与力量。查干苏鲁锭是政旗，哈日苏鲁锭是军旗，三者都代表着长生天的威猛、永恒之力。

据《蒙古秘史》记载，在统一蒙古的战争时期，铁木真（成吉思汗）便祭有哈日苏鲁锭。成立汗国时又以查干苏鲁锭为汗国政旗。当时尚未归附蒙古汗国的莽古德和昂仁高德部落则信奉阿拉格苏鲁锭。这是两个强悍的部落。成吉思汗收复这两个部落后，编入自己的怯薛常规部队，归弟哈布图哈萨尔指挥，并把阿拉格苏鲁锭赐予哈布图哈萨尔，故成为哈布图哈萨尔的阿拉格苏鲁锭。哈布图哈萨尔当时是成吉思汗贴身侍臣和军国重臣，被尊为"太勒宝格德"。

对于蒙古民族来说，苏鲁锭庄严、神圣，象征胜利、吉祥，同时具有凝聚人心、催人奋进的情感因素和震慑敌人、战无不胜、所向披靡的宗教色彩。

阿拉格苏鲁锭形状为：顶端是用金属制成的短剑，宽约两指，长约一尺，中间厚，两边钝刃。剑体下端有深半尺，口径三寸的柄孔，在短剑下座圆盘上镶有北斗七星状的7颗银钉。相传，哈布图哈萨尔是北斗七星下凡。柄孔上部配有一个厚近一寸、直径一尺多的银盘，倒置的盘沿上有九九八十一个小孔，

牧民棋艺文化

苏鲁锭

缀有红黑枣骝公马鬃，长约一尺半，古时也称作"旄"。柄为白腊木杆，长约一丈五尺，直径寸半。插在石螭背上。苏鲁锭外围立有差旗。差旗之大小、形状与主旗苏鲁锭一样，柄杆九尺，插在一尺见方的石座上，用外包黄绸的马尾绳与主旗相连。

哈布图哈萨尔部的阿拉格苏鲁锭文化，在嫩江十旗、阿鲁科尔沁旗、乌兰察布盟五旗、阿拉善旗、青海以及新疆和硕特旗等整个哈布图哈萨尔部族中源远流长，一直都在用不同的形式祭祀。但是，哈布图哈萨尔后裔所祭祀的阿拉格苏鲁锭柄杆上有"明干必力贡"，即千只慧眼，标志着哈布图哈萨尔的"箭圣"之称。

后金天聪四年（1630年）后，哈布图哈萨尔后裔四子部等虽然先后归附了后金，但始终保持着对自己民族的原始宗教、祖先及阿拉格苏鲁锭等古老信仰的敬奉，适时祭祀。

顺治六年（1649年），四子部奉清朝指令，从遥远的呼伦贝尔，迁徙到阴山北麓草原时，便将阿拉格苏鲁锭等祖先的信物携同带往。将祖上的阿拉格苏鲁锭置于用毡子围起的"青格力格"（一种车载微型蒙古包）里，悄然延续其传统的祭祀活动。早在元朝建立前，蒙古族就有将祖先信仰物等，置于用油浸透过的毡子搭成的毡车里，随游牧或行军便于就地举行祭奠仪式。

康熙征服漠北蒙古之后，四子部为了避免朝廷发现，尽量利用清朝大力推行佛教的时机，将古老祖先的信仰物隐藏在寺庙的佛体之内、家庭的佛龛背后以及宗庙某个角落里来供奉。然而，到清朝中叶，由于乌拉特公王敬奉阿拉格苏鲁锭的行为被发觉，先后有两位公爷受到朝廷罢官的严厉处罚。鉴此，乌兰察布盟各蒙旗王公贵族，将祖先的信奉物一律转入地下，隐藏在青格力格之中或藏于大山、峡谷、山洞和敖包中间，暗中进行祭奉祈拜。有时为了安全和隐藏，简化祭祀仪式，并将祖先的苏鲁锭等诸多传统文化融入佛教色彩，复制成微型"差旗"或"黑茂日"（图文并茂的经幡）来敬拜。

漠南六盟之一的乌兰察布盟，是由哈布图哈萨尔后裔四子部、茂明安部、乌拉特部（前、中、后三公旗）以及漠北的喀尔喀右翼部等四部六旗组成。清朝指定该盟的会盟地，在四子部巴润额门"道劳"

境内乌兰察布河畔的白彦敖包。相传，自从始建象征盟署的白彦敖包及其两翼山脉上象征六旗的敖包建筑形成之时起，按照首任乌兰察布楚古拉干达日嘎（盟长）鄂木布（即四子部第一代达尔罕卓力格图多罗郡王）的策划，在一处不起眼的山谷中，安置了一顶永久性的蒙古包，俗称"额勒庆朱黑"。其中隐藏着一座青格力格，青格力格里面珍藏着具有祖上灵气的阿拉格苏鲁锭和与哈布图哈萨尔相关的一些珍贵遗物，并指定两名专职使者负责，守望青格力格，操办其祭祀仪式，从来不让他人走进蒙古包里。举行六旗会盟时，各旗王公贵族都要前去朝拜祖先英灵及阿拉格苏鲁锭，但只能到蒙古包门前，通过使者将各

苏鲁锭

165

苏鲁锭

自带来的供品奉献后，跪倒在门外举灯焚香叩拜。

直到 20 世纪初，那顶珍藏青格力格的蒙古包，以及负责看管与祭祀的使者依然还在白彦敖包山谷中守护。后来，随着会盟制度的衰败，以及"走西口"涌入的农民开垦了白彦敖包的湿地草原，珍藏阿拉格苏鲁锭的蒙古包也不复存在了。于是，四子部世袭札萨克和硕亲王时任乌兰察布楚古拉干达日嘎（盟长）的勒旺诺尔布决定，将隐藏青格力格的蒙古包迁移到王爷府附近的牧场，依然由专职使者来负责呵护与祭祀活动。久而久之，在今四子王旗原王府附近，便形成了"青格力格""青格力格查干敖包"以及"查干宝力高"等地名和遗址。

中华人民共和国成立后，哈布图哈萨尔后裔始终坚持对阿拉格苏鲁锭的祭祀活动。现在阿拉格苏鲁锭依然保存在一位老牧人家里，它的式样不大，只有 40 多厘米高。

关于阿拉格苏鲁锭的祭祀，后来完全与哈萨尔祭祀合并进行。有日祭、季度祭和年祭。每隔 12 年（寅年）还要举行一次"增威加猛"即"威猛"祭奠仪式。

祖先火种祭祀

火曾是人类走向进步与文明的重要元素。在人类历史上，不同地域的不同种族对火有着截然不同的诠释和敬畏火的文化起源。

蒙古部落与火结下了不解之缘，将火视为兴旺发达、与世长存的保护神。并在漫长的敬畏长生天、崇尚大自然、顺应生态环境而游牧生存的生活实践中，对火产生了与众不同、绚丽多姿的敬仰，形成了崇拜火的民族文化。火不仅是赐给温暖、赋予祥和、孕育幸福的生存之本，而且曾是解救祖先命运的伟大神祇。于是，蒙古人将自家火燫子（图拉嘎）里面的火尊崇为"祖传火种"。在日常生活中，特别注重象征兴旺发达的火之旺盛，且绝对忌讳火种的熄灭，认为那是很不吉利的兆头。熬茶煮饭炉火要保持昼夜不灭。到了夜间，主人将火燫子里面的火种用灰烬予以封存。第二天，将火种再度点燃。长途跋涉倒场搬迁的时候，将火种存于火盆里携带而去。如果家庭有多子，长大后成家立业，需要另立门户的时候，将新居室的生命之火（即火燫子）必须引用祖上的火种来点燃，其长生火便成为祖先圣火派生嫡系。每家每户继承守望圣火的职责归于小儿子，是自古以来形成的铁打的规矩。蒙古民族认为生命之火是无比神圣的，通常对圣火也非常敬畏，特别忌讳将不干净的东西和赃物靠近或抛入圣火之中。为了感恩圣火，每日三餐时，蒙古族人将饮食之德吉（未经品尝的饮食之精华），首先敬献于苍天、大地和圣火，然后才可品尝宴饮。

祭火的一切准备工作，均从冬贮牛羊肉时开始。祭火要用褐色环眼或纯白毛绵羊的胸叉肉来作祭品。所以，在冬贮时专门选杀那些未被狼狗咬伤过，从未患疾病的洁净之羊以备待用。在开膛宰杀时要注意

火燫子

167

祭火

不把羊胸部形状割坏。剥羊皮时要从前腿管部（蹄子上部）开始剥起，将胸脂从胸骨柄到胸口割成梯形取下，将胸垂肉（胸叉以下的肚皮肉）割到骶骨部连同胸垂肉一起取下，将软肋骨、腰间软骨也要完好无损地取下。要用开水烫除留在胸脂上的毛，并要完整无损地取下肥肠、肚网膜脂肪作为祭品冷冻。从割取祭火胸脯的羊身上要取下完整的羊头，及时火燎清洗干净，以备除夕晚之用。同时，还要准备生长在高山峻岭、人畜未践踏过的、绿色净洁的杜松叶、小白蒿、针茅草等天然植物以备待用。用秋杂毛纺成捆胸叉的细线，还要准备黄油、五色缎头儿、熏香、葡萄、黄糖、红枣、美酒、四个木质盘子、一只木碗，奶食、新炸果饼等备用品。

腊月二十三这天，将承载圣火的火煤子、火钳、火盆、火铲等擦拭干净，开始煮胸叉、肥肠、灌血肚等祭品。料理（摆放、截割）胸叉的活计由户主男士来操作。将煮熟的胸叉从左侧开始截下，不得触损胸叉内部的薄膜。从胸脂上剔去留下的皮肉时，不得破坏胸叉的形状。然后将修整好的胸叉置放于盘中，蒙上一层肚网膜脂，用羊毛线将三角胸脂从右向左缠绕；在凹形处分别放置红枣、葡萄、黄油、冰糖、奶皮、红糖，在其左边置香，右边置分别用毛线结扣的杜松叶、小白蒿、针茅草等宝物；五色缎子头儿和五谷杂粮、五色线条。

还要把胸叉上剔下来的肉、肥

肠、灌血肚以及红枣、黄糖、五色缎子头儿、五谷籽种、九种宝物、奶食、招财箭等放进招财桶，蒙上整张羊羔皮。

用白色毡剪成四个方块坐垫，放在火爁子木框的四个角上，置盛干粥的佛盘，并在干粥正中点燃四盏黄油佛灯。

祭火时，用冬天的黄牛粪整整齐齐填塞至火爁子的第三圈，在其上面再填塞松木劈柴细条。在填塞劈柴时必须左右交叉放置三层，以便上置胸叉。

火爁子四腿（支爁架）上放置肚网膜脂肪、五色布条。

在畜群回来之前，于室外东南侧立三脚架，支上干锅，放置小白蒿、杜松叶、柏叶熏香。当畜群回归之际，将杜松叶、熏香等植物点燃，弥漫的烟雾将为牲畜驱除疫病。待到日落天黑、群星闪烁之时便开始祭火。

此刻，全家人郑重其事地穿上节日盛装，妇女们佩戴华贵典雅的妆饰，按辈分岁数依次坐于蒙古包东北侧。户主及男子佩戴火镰、蒙古刀等装饰，按辈分岁数依次坐在西北侧。家庭户主（即继承圣火的俗人）手捧装饰齐备的胸叉站在火爁子前面，其妻子手拿盛着祭品（黄油、酒、肚网膜脂肪和乳液合成的液体）站在火爁子东南侧。喇嘛开始诵念火经的同时，家庭主妇用火剪将火爁子里面的火点燃。

随后，家庭主妇用九槽之勺将奶茶德吉献洒在包外献天献地。待火爁子里面的火烈焰翻滚时，户主举着胸叉放入火中，妻子也将其他献品放入火中，举起招福桶，其余人分别手捧盛有干粥的木碗、佛灯或奶食品，在户主的引领下，异口

祭火节

同声地连连呼喊"呼瑞、呼瑞、呼瑞"（意为福祉、吉祥、安泰降临吧）。从日出方向开始进行9次招安招福的同时，从天窗开始，再向火煤子，最后向屋门进行9次地招福。

祭火仪式普遍由蒙古博教（萨满教）人士来主持。后来，也有许多贵族为了保持祖上传统的原生态祭祀形式，在喇嘛举行过祭祀仪式之后，还要由家庭主人或长辈来念诵传承已久的招福祝词。

祭火磕完头之后，将火煤子四角摆放的佛灯芯用木筷子或羹匙挑出从天窗向外扔去，意为向苍天敬供。然后，桌上摆好奶食、手把肉、水果点心、干粥等。由家庭主妇从喇嘛开始，按照辈分年龄大小献茶敬酒，接着就拉开了过小年的宴席。

祭火招福招安之后，在三天内不得从家里往外送出任何物品。

在祭火三天后（即腊月二十六）上午，打开招福桶拿出里面的肉食、奶食、果食等富有灵气之食品，首先献给炉中的圣火，然后让众人和邻里们分享。假如家庭的某个成员出门在外，缺席一年一度的祭火仪式时，将部分食品一直为他保留着。

四子部落祭火祝词：

祈祷圣主啊！

开天辟地以来

圣火之神领先

苍天的恩赐

大地的福禄

盖世的热力

冲天的光焰

天骄之子所点燃

斡格伦母所吹旺

为神圣的火神

滴贡纯洁的奶油

摆上膘肥的整羊

供奉香喷的胸脯

敬献美味的佳肴

虔诚跪拜来祭奠

每逢腊月二十三

继承祖先的信仰

遵循蒙古的规矩

按照传统的习俗

燃气旺盛的圣火

身穿漂亮的衣裳

备好飞快的骏马

摆上紫檀木方桌

手举纯洁的哈达

献洒奶食之上品

祈求赐予众生灵

源源不断的福祉

一而再诚心祭拜

年年风调雨顺

月月如愿以偿

日日幸福平安

呼瑞、呼瑞、呼瑞

……

驼桩祭祀

蒙古族祭驼是流传于蒙古族牧驼群众中的一种集宗教信仰、传统生产、人文思想为一体的民间活动。蒙古族祭驼除保留民间信仰、体育竞技、民间艺术、民间工艺的原生形态外，还传衍着人与自然、人与家畜的和谐相处，隐含着知恩图报、与人为善、善待环境、崇尚自然的朴素道理，蕴含了因势利导、言传身教的生活态度，传递着温柔敦厚、默契和谐的人生哲理。在促进牧民互助友爱，增强民族凝聚力，丰富牧民文化生活方面，都起着重要作用。

美驼

骆驼是牧民们所养护的五种牲畜中体魄最大的牲畜，外部体态上具备 12 生肖特征，其体格魁梧，性情温驯，在严寒与暴风沙非常恶劣的环境中，体现了顽强的生命力。科学研究证明，被称为"沙漠之舟"的骆驼不吃不喝能维持生命 59 天，只吃不喝能维持生命 69 天，只喝不吃能维持生命 79 天，骆驼就是这样神奇的动物。在人们的生产生活实践中，骆驼在为人类做出卓越贡献的同时，也成为人类最忠实的伙伴。

双峰驼是四子王旗优良骆驼的地方品种之一，脑木更苏木是理想的双峰驼养殖场所。该地草原植被类型为荒漠草原植被，土地辽阔，

驼桩祭祀

草资源丰富，不仅能给骆驼提供足够的活动场所和足够的饲草料，而且地理气候条件也非常适合骆驼的生活习性与繁殖。目前，脑木更苏木共有双峰驼 4000 多峰。

蒙古族祭驼习俗源远流长，四

美驼比赛

美驼比赛

子王旗以"保护生态、保护动物、保护文化"为目标，在脑木更苏木已成功举办了四届"驼桩祭祀"传统文化节。

"驼桩祭祀"，不仅举行驼桩祭祀仪式，还举行搏克、赛马、赛驼比赛以及种公驼评比、骟驼、装饰评比、母驼评比等活动，也举行三盟市（乌兰察布市、巴彦淖尔市、锡林郭勒盟）驼球表演、驯驼表演、插鼻棍表演、骟驼表演、驼队表演、文艺表演和民族文化用品展示评比等活动。在祭驼活动中有极其丰富的人性化内容，产生了诸如"功臣驼""劝奶歌""骆驼赞""祝颂词"等大量的拟人文化，孕育出蒙古民族忠厚善良、刚正不阿、吃苦耐劳、不屈不挠、勤奋顽强的骆驼精神，成为民族凝聚和人文传承的载体。

祭驼有别于一般意义上的宗教活动，是信仰和务实的结合，含有朴素唯物的内容，代表着牧驼人的精神寄托。不仅有助于研究民俗民情，同时对研究骆驼文化和骆驼饲养也具有重要作用。通过开展此项节庆活动，提高了牧民们的生态保护意识、珍奇动物保护意识，充分调动牧民们养殖双峰驼的积极性，为骆驼养殖业走上持续健康发展之路起到了促进作用。

四子部骆驼招福献词：

阿弥赛音平安永存！

驼队

赛驼

天鹅飞来　　　　　　　　喜鹊飞来
雪山消融　　　　　　　　大地复苏
红母驼产羔之时　　　　　白母驼产羔之时
举行隆重的招福。　　　　举行无量的招福。
呼瑞、呼瑞、呼瑞　　　　呼瑞、呼瑞、呼瑞
　　　　　　　　　　　　有恩于主人

燕子飞来　　　　　　　　有功于圣祖
冰雪融化　　　　　　　　体态庄重
黄母驼产羔之时　　　　　鸣声悦耳
举行无限的招福　　　　　双峰似箕岩
呼瑞、呼瑞、呼瑞　　　　四掌如巨盘
鸿雁飞来　　　　　　　　佩戴银鼻勒
湖水解冻　　　　　　　　系有鬃毛缰绳
黑母驼产羔之时　　　　　能驮千斤重物
举行无尽的招福。　　　　能越遥远荒漠
呼瑞、呼瑞、呼瑞　　　　五畜相貌特征
　　　　　　　　　　　　聚集一身的

天籁生灵骆驼。
供上鲜嫩的胸脯肉
挥舞五彩的雕翎箭
为你招来兴旺与福寿。
呼瑞、呼瑞、呼瑞

让众生如愿以偿的
阿日亚赞巴拉神
这里虔诚地祈求您
为我们人、畜、财宝
还有成群的骆驼
赐予福寿吉祥。
呼瑞、呼瑞、呼瑞

双峰犹如两座山
齿牙就像白玉石
汗皇室的辎重车
沙漠之舟扬名的
棕黑毛色的骟驼
为你招来永恒的福寿。
呼瑞、呼瑞、呼瑞

两峰犹如叉岩
顶鬃好似雕鹑绒
怀有慈祥和母爱
奶水越挤越多的
米黄毛色的母驼
为你招来永存的福寿。
呼瑞、呼瑞、呼瑞

貌如深山之雄狮

鸣声如雷般惊人
威武比大象雄壮
名扬大漠草原的
黑色鬃毛的公驼
为你招来永远的福寿。
呼瑞、呼瑞、呼瑞

聚全十二生肖之相
内外邦间的驮载者
履行远旅的重使命
耐力无比的骆驼群
为你招来永伴的福寿。
呼瑞、呼瑞、呼瑞

蒙古草原的大象
民族之间的使者
长途旅行的伴侣
千千万万的骆驼群
为你招来永随的福寿。
呼瑞、呼瑞、呼瑞

自古以来形成的
圣洁的旺火灶神
这里谨向您供祭
鲜乳黄油之上品
祈求赐予众生灵
享受不尽的福寿。
呼瑞、呼瑞、呼瑞

祈求西方诸佛神
赐给智慧的福寿。

呼瑞、呼瑞、呼瑞

祈求东方诸佛神

赐给长寿的福寿。

呼瑞、呼瑞、呼瑞

祈求北方诸佛神

赐给如意的福寿。

呼瑞、呼瑞、呼瑞

祈求南方诸佛神

赐给财富的福寿。

呼瑞、呼瑞、呼瑞

谨从西域巴拉布（尼泊尔）

招来畜群的福寿。

呼瑞、呼瑞、呼瑞

谨从西藏佛教圣地

招来五畜的福寿。

呼瑞、呼瑞、呼瑞

愿富贵吉祥降临大地！

饮食文化

HUASHUONEIMENGGUSiziwangqi

饮　食　文　化
YINSHIWENHUA

"金杯银杯斟满酒，双手举过头，炒米奶茶手把肉，今天喝个够，朋友，请你尝尝，这酒醇正，这酒绵厚…"草原人民高举哈达，献上祝酒歌，欢迎来草原做客。

传统乳制品

四子王旗蒙古族的乳食品，以牛、马、驼、羊奶制品为主，奶制产品主要有：

奶皮（蒙古语称乌如莫）。将鲜牛、羊奶煮沸，多次扬沸冒起泡后形成一种粗麻粒状油层，凝结后就是奶皮。奶皮是奶食的精品，味道香甜可口，营养丰富，是拌食炒米和喝茶时的上等食品。炖制奶皮要掌握好火候，为使油层加厚，要及时铲下锅沿上粘贴的部分，并多次添加生奶。加奶适当和火候适当，就能制作出厚奶皮。火小奶

蒙古族看盘

奶食品和炒米

皮单薄，火大则味焦，如加白糖可以得甜奶皮。

奶油（蒙古语称卓亥）。奶油的制作是将鲜奶盛进器皿中存放，随着牛奶的凝结，油脂逐渐浮在上面，一至两天后，牛奶的表面形成一层油脂体就叫卓亥。取出卓亥后剩余的称凝乳。卓亥可以直接食用，也可对茶或放糖拌炒米食用，也可熬汤喝。

黄油（蒙古语称希日陶斯）。将卓亥或奶皮子放进容器中温火加热、油脂逐渐浮在上面，将清亮部分的液体撇出，即得黄油。黄油是奶食中的精品，营养丰富，可做多种食用。

酸油（蒙古语称胡其太陶苏或查干陶苏）。提取黄油后剩余的叫酸油。酸油可以当餐食佐料，也可对茶喝。

奶豆腐（蒙古语称胡茹达或毕锡勒格）。将鲜奶放入容器凝结后，撇去奶油（卓亥），将剩余的稠乳放锅内加温榨干乳清，用勺反复揉搓，直到成糊状，再把它倒入木模，压实后取出晒干即可。加糖即成甜奶豆腐。

奶渣（蒙古语称树木格）。将凝乳用温火充分煮熬，榨干乳清，使成稠状，不经搓揉捞出晒干即成奶渣。奶渣是蒙古族牧民最普遍食用的奶食品。

奶酪（蒙古语称阿如勒）。奶酪分生酪、干酪和熟奶酪三种。撇

奶皮

出乳清的稠乳部分用白纱布裹成方块，榨出乳清，加工成的叫干酪。将发酵后馊奶用温火煮熟，捞出凝结的乳块压制成型的叫生奶酪。用煮沸后取出奶皮子凝乳做成的叫熟奶酪。

酸奶（蒙古语称艾日格）。将鲜奶放置在阳光下或温度较高的地方，使奶发酵，产生酸味，便成酸奶。制作时必须适时搅拌，让其充分发酵。酸奶营养丰富，止渴祛火，有消食解毒功效。

奶酒。将鲜奶揭去奶皮后倒入木桶中，随时搅拌，利用奶中乳酸杆菌发酵成酸奶，经过蒸馏冷却就得奶酒。每百斤牛奶可得5～6斤奶酒。奶酒以马奶酒为上品，酒精含量20％～30％。味醇厚、甘甜，是蒙古族牧民待客的最佳饮品。

特色肉食品

四子王旗戈壁羊以肉质鲜嫩、色正味美、无膻味、肥而不腻著称，是乌兰察布市优良地方畜产品之一。数百年来，经过自然选种、人工选种和牧民群众精心培育，逐渐形成蒙古戈壁羊优良品种。戈壁羊肉曾经进入皇宫的御膳房，成为众多美味佳肴中的佼佼者。据传，当年康熙皇帝微服私访到杜尔伯特草原一带，他身着僧服，骑着胸宽体壮的蒙古马，走进一望无际戈壁滩。深秋的草原凉爽无比，康熙和侍从奔波了一天，人困马乏，想歇脚的时候，一股清香的肉味从西面扑鼻而来。康熙帝迎着肉香走了过去，不远处的秋营地几座蒙古包展现在眼前。好客的女主人将康熙帝迎进毡房，让坐在上位。当品尝到醇香的奶酒、鲜嫩的戈壁羊肉时，他觉得浑身舒畅，精神倍增。吃惯山珍海味的皇帝，可是大饱口福，虽然没说什么，但心里却高兴得不得了。返京后，立即给理藩院下了一道圣旨，每年务必为皇宫御膳房提供戈壁羊3000只，回锅奶酒3000罐，分别按季赶送到京城，以保证康熙的专用。自此，遥远的戈壁羊从张家口外的古驿道

烤全羊

全羊

烤全羊仪式

源源不断向京城输入。

戈壁羊。具有较强的耐寒性，宜牧养，成活率大，生长快，冬春无补饲条件下，育成公羊可达62千克，育成母羊达53千克左右，六个月的羯羊胴体重达18千克，屠宰率为50％。戈壁羊肉是制作涮羊肉、手把肉、烤羊腿等美味佳肴的上好原料。

手把肉。以上等羯羊为最佳，尤为四子王旗所产的戈壁大尾羯羊为上乘，将羊宰杀后，去头、蹄、内脏，根据全羊的骨骼结构，解成八块或数十块，不加佐料在冷水中煮沸，约四十分钟即可食用。吃时用刀将肉削成片，蘸汤食用。汤要用原汤加葱花及少许盐调味。手把肉鲜嫩可口，美味异常，易消化。

全羊宴。蒙古族人民最喜欢、

最名贵的酒宴，一般只有在祭祀、婚嫁喜事、老人过寿和接待贵宾时才设此大宴。制作方法是先将整羊按一定的规矩分割成七大件煮熟后，用大木盘或大铜盘按羊的原形摆放好，上席时羊头要面向主客。主客先在羊头上用刀划过标记，再依次将羊头转向各宾客说"请食用"，而后拿去羊头分享全羊。食用时也有一定的传统礼仪。

涮羊肉。源于元代，原为宫廷菜肴。清光绪年始流传到民间。制作时选用绵羊的外脊、后腿、羊尾等部位的肉，切成适度薄片，放在火锅中轻涮，在备好的麻酱、腐乳、韭菜花、卤虾油等调味佐料中蘸食，肉质鲜嫩，不膻不腻，味道鲜美。

烤全羊（蒙古语称昭木）。烤全羊在蒙古族习俗中是接待尊贵客人的名菜。将煺毛带皮的整羊用慢火烧烤而成，羊形完整，色泽金黄

羊排

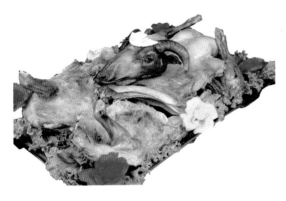

全羊宴

而皮肉酥脆嫩香，可称色、味、形俱佳。食用时有隆重的仪式。

烤羊腿。它是由烤全羊演变而来的。据传在成吉思汗征战期间，伙食官员为既缩短烹饪时间，又能保证成吉思汗吃到最好的烤羊肉，就将平时的烤整羊卸开再大块烘烤，每次烤一块上桌，成吉思汗忙于战事并未留意。待从每次都挑选最好吃的部位烤羊后腿端给成吉思汗吃，肉质酥香，外皮焦脆，不腻不膻，成吉思汗非常爱吃，还逢人便称赞烤羊腿，从此烤羊腿便成了一道名菜。经长期发展，烘烤羊腿的方法吸取了各民族烧烤的技艺，加入多种配料和调味品，使其形、色、味更完美。现在烤羊腿的烹制更科学，烘烤设备更先进，它已成为民族传统烧烤中最受青睐的佳品。

羊背子。羊背子由整羊背胸椎、肩胛、胫骨、髋骨及长肋等组成。这道菜是在较大宴会和招待贵客时食用，是仅次于全羊宴的蒙古族传统菜肴，是蒙古人的餐中之尊。场

手把肉

面不同，制作羊背子选羊也有区别：宴席用羊背子，要选肥大羯羊；祭祀，敬神、佛用羊背子，要用当年羊羔；礼品羊背子，要挑选肥瘦重量适中的羊。羊背子也称羊五叉，实际上是一种摆放特别的整羊手把肉。用蒙古杀羊法处理好的白条羊卸成头、颈、四腿和羊背七块，去胸叉，其中以羊身后半部留尾制成羊背子（是五叉形），一同入锅加盐煮至七八成熟，然后捞出摆放在长方形红漆托盘中。羊的四条腿"卧"在盘的四角，羊背子放在四腿上，羊头和颈摆在羊背上，似羊爬卧在盘中，上桌时，羊头朝着主宾。食用羊背子时，有隆重的敬酒仪式。

氽羊肉。选用绵羊外脊、后腿等上等肉，切薄片，拌小葱、盐等佐料，氽入沸水中带汤食用，肉片鲜嫩、肉汤浓香、做法简便，为牧区常用之肉食。

肉干。有羊肉干和牛肉干。在牧区，牲畜冬春季体弱消瘦，不能宰杀。牧民都是在初冬（小雪和大雪之间）时，大量宰杀肉用牲畜，一可减少存栏牲畜，确保母畜过冬；二能保证牛、羊肉质最佳。过去大量宰杀的牲畜，只靠冬季封冻后天然大冷库储存，春季无法保存。牧民们便将一部分晾晒成干肉食用。

肉干有两种晾法：一是晒生肉干，一般在冬季可将肉切条挂干燥、通风处阴干。有部分草原牧民还将整羊从脊背分成两半，挂在通风干

羊背子

肉干

燥处阴干，制成风干整羊。二是晒熟肉干，即把肉切条煮沸捞出，再切成块，锅中加盐、花椒、大料等作料，煮至熟烂，汤收干后取出晾干。

生制肉干可做干肉炖菜或煮干肉粥、干肉面条。熟制肉干可直接泡茶或放入粥、面条中食用。肉干因肉质好，很少用调味品，更无防腐剂，在无污染的环境中自然干燥

制成，因而有肉干的鲜香味道，别具特色，现在肉干炖菜成为招待贵宾的风味菜肴。

闷汤。将切碎成块的鲜羊肉放入瓷器皿内，加少量盐及葱花、水，上面用碗扣盖，碗边用面糊封，放入锅内蒸熟后食用。

野生类食品

四子王旗境内地形、气候、土壤差异大，植物资源比较丰富。已查明的野生植物45科225种。在各种植物中，有不少山肴野蔌，口味独特，备受人们喜爱。

贺林高格德（野韭莱）。在春末夏初，生长于河曲、沙土地带和湖泊边沿地区。拔回野韭菜后，洗干净，切成小段放到瓦罐内，腌在乳清或盐水中就会成为菜肴。放在

扎蒙花

戈壁羊

沙葱

面条里可以调味。与细肉馅和内脏拌起来包饺子、包包子还可以招待客人。夏天，与湿奶渣子拌起来包饺子，味道非常鲜美。所以当地蒙古族很爱吃放有野韭菜的饭食。

塔干那（多根葱）。长在河边、浩特附近、丘陵等潮湿的土壤中。

将塔干那与盐拌在一起，用白捣碎，晒干后放到饭里，比葱和韭菜更有味道。掐回塔干那花籽后，放到白内捣碎，捏成圆奶豆腐状，用线串起来晒干，一年四季都可食用。晒干的塔干那花籽也可作为面食或血肠的调味品。春季体弱的牲畜一旦吃了塔干那，体力恢复得就很快。

呼木勒（沙葱）。一般生长在野韭菜和塔干那生长的地方。尤其是下过雨后长得更快。将拔回来的沙葱洗干净，切成小段，与奶渣子拌在一起包饺子或与肉馅拌起来包饺子、包包子味道鲜美。此外，将沙葱不切段，整腌到乳清中，有股酸味，与主食配起来食用很开胃。

特莫音呼胡（地梢瓜）。地梢瓜在沟渠沙漠边沿柔软的土壤中爬蔓生长。地梢瓜可以直接吃，也可以腌在乳清内食用。

哈拉盖(麻叶荨麻)。生长在沟、凹地、石头缝中。在初春，可以将嫩荨麻与肉或奶渣拌起来包饺子吃，也可放到肉汤里或用热水烫后当菜肴吃，味道很独特。在做荨麻饺子的时候放点酸奶，不仅会解毒，而且对治疗坏血病也有一定的疗效。所以腿肿、关节疼、牙床出血的老人常吃荨麻调剂。

蘑菇。四子部落的人们喜爱吃蘑菇。蘑菇可归类为圈蘑菇、棕蘑

沙奶奶

菇、黑蘑菇。其中圈蘑菇（白蘑菇）的味道最好。将采回来的蘑菇放到阴凉地晒干，一年四季都可以食用。鲜蘑菇洗净后抹一些奶油和盐在温火上烤熟食用，味道鲜美。将鲜蘑菇洗净切成块和瘦羊肉一同熬汤食用，味道极佳。

烩劳利（藜灰菜）。将采回的劳利叶子用滚水烫好，和奶油或鲜奶拌着吃，别具风味。

苦菜。生长在田间或荒野路旁的苦菜又名苦苣、天香菜等。因其带有苦味，有开胃、助消化的功效。苦菜是一种药用、食用兼具的无毒野生植物，一年生草本，药名叫"败酱草"。富含胡萝卜素、维生素C、钾、钙、镁等营养元素。植株的嫩茎、叶可作蔬菜食用。

将嫩苦菜摘洗干净，入沸水锅中焯水，捞出用凉水浸泡冷却，控水，将蒜泥、盐、醋等调料拌匀浇在苦菜上拌匀，食之清香爽口，风味独特。

扎麻麻。扎麻麻别名扎蒙花，是天然、绿色、稀有的调味品。唇形，多年生草本植物，属百合科，叶片碧绿、细长，花呈白紫色，有很强的生命力，其幼苗和嫩茎叶可食用。分布于四子王旗大部地区，野生于山中向阳半坡地带，当年有雨才开花、结籽。

将食用油开锅后，放入麻麻花，味道奇香，让人食欲大开，是炒菜、火锅、面食的上等调味品，也是馈赠亲友的上等礼品。

蒲公英。蒲公英属菊科多年生草本植物。头状花序，种子上有白色冠毛结成的绒球，花开后随风飘到新的地方孕育新生命。含有蒲公英醇、蒲公英素、胆碱、有机酸、菊糖等多种健康营养成分，有利尿、缓泻、退黄疸、利胆等功效。蒲公

蒲公英

蒲公英

英同时含有蛋白质、脂肪、碳水化合物、微量元素及维生素等，有丰富的营养价值，是药食兼用的植物，备受亲睐。

蒲公英在四子王旗地区均有分布，春、夏、秋三季均可采挖，多生长于田间、路旁。可生吃、炒食、做汤、焯拌，风味独特。生吃时，将蒲公英鲜嫩茎叶洗净，沥干蘸酱，略有苦味，味鲜美清香且爽口。凉拌时，将洗净的蒲公英用沸水焯1分钟，沥出，用冷水冲一下，佐以辣椒油、味精、盐、香油、醋、蒜泥等，也可根据自己口味拌成风味各异的小菜。还可将蒲公英嫩茎叶洗净，用水焯后，稍攥、剁碎，加佐料调成馅（也可加肉）包饺子或包子。

地皮菜。地皮菜又名地耳、地衣、地木耳等，是真菌和藻类的结合体，生长在阴暗潮湿的地方，暗黑色，有点像泡软的黑木耳。

地皮菜富含蛋白质、多种维生素和磷、锌、钙等矿物质，是一种美食，最适于做汤，别有风味，也可凉拌或炖烧，其味极佳。长期食用的话，对于人体补铁养血有很大的帮助。地皮菜可以搭配鸡蛋来炒，味道鲜美，营养价值较高。地皮菜也是寒性食品，有凉血止血、清神明目、养血安神、健胃等功效。

酒文化

祖国大家庭的民族文化绚丽多姿，以蓝色文明著称的蒙古族，千百年来始终信仰长生天，无限崇拜大自然，在逐水草游牧的马背生活中，与万物生灵和谐相处，铸就了独具特色的草原文化，形成了与众不同的风俗礼仪，在宗教祭祀、衣食住行、待人接物、婚丧嫁娶等诸多方面，均有体现蓝色文明的高雅礼节。

蒙古民族的酒文化由来已久。早期的蒙古族民间没有粮食酒，主要饮用牛奶或羊奶酿制的酒，称为"萨尔呼特"（奶酒的总称）。这种奶酒种类繁多，根据回锅的次数区别酒的浓度。头锅"阿尔吉"属于低度酒，相当于现在的啤酒；二锅为"呼尔吉"，属于常用中度酒；三锅"夏尔吉"和四锅"宝尔吉"为高浓度烈性酒，只喝一小盅就会醉倒，酒宴上一般不饮用。因为奶酒的配方、发酵、蒸馏等酿造工序复杂而细腻，需要精湛的酿制技艺，一般人难以酿出上等好酒。所以，蒙古民族自古对醇香的奶酒特别看重，把它看作是蓝天之恩赐、绿地之福祉，是由天地阴阳合成的琼浆玉液。于是，也就产生了博大精深的草原酒文化。

此外，夏末秋初季节还有马奶饮料。将马奶装入特制的木桶里，趁着乳浆发酵之机经过数百次的搅和而成。这种高级饮料叫作"奇格"也称为"伊斯格"或"艾日格"。马奶饮料不仅具有助消化作用，而且对人体内脏疾病有保健功能。

受悠久而浓郁的酒文化熏陶，蒙古民族十分注重敬酒礼仪，容不得出现半点失误和差错。他们认为敬酒礼仪是在体现高雅的民族习俗、

敬酒

敬酒礼仪

浓郁的民族情感、灿烂的蓝色文明。故此，对于敬酒礼仪非常讲究。

在日常生活中，敬酒的场面比比皆是。如：各种祭祀、大小宴席、迎来送往、人畜过年、生日祝寿、婚丧嫁娶……都离不开酒。酒成为焕发激情、沟通感情、凝聚友情、体现向上精神的神奇之物。在不同场合，向不同身份的人敬酒，既有俗成的传统规矩，又有与时俱进的创新礼仪。

每逢酒宴，总是先由家庭主妇出面，向所有来宾按辈分敬酒。拥有民族传承素养的家庭主妇（年岁大的由儿媳或姑娘出面）出于对宾客的尊重，事先须精心着装打扮，穿上靓丽的长袍和绣花长坎肩，佩戴部件齐全的华贵首饰（不戴首饰

视为不吉利，丧夫带孝或者是嫁不出去的女人则不戴首饰），衣冠整齐而新颖。由于蒙古族各部的历史沿革和文化差异，敬酒方式也有一些差别。但是，最为大众化的敬酒形式是：将斟满酒的酒杯放在右手平展的四指上，平稳地托起来，左手掌面朝上陪衬着右手，从最高寿的长辈开始依次往下敬酒。被敬酒的长辈盘腿稳坐，为了尊重对方，要习惯性地整理一下衣冠，将双袖子甩落，再把手伸出来，以感激的神色用右手领取酒杯，同时要展开左掌表示谢意。并根据宴席内容或主人的家庭状况，给予充满诗情的美好祝福。聆听祝福的敬酒者，为了表示感激而连连屈膝躬身行礼。欣慰的客人将用右手领取酒杯转放

在左手上，用右手的无名指象征性地蘸取杯中酒之"德吉"（饮食之精华部分）向天父、地母、圣火虔诚地分别弹献三次。这时，将酒杯递出去的家庭主妇，脸上始终洋溢着亲切而温馨的笑容，恭敬地伸展双掌，右腿靠前，左腿在后，微微屈膝躬身致意劝酒之礼。劝酒礼仪结束后，客人才将美酒饮用。

在敬酒场合，被敬酒者若比敬酒人的年龄小或属于晚辈，接取酒杯时必须起立，出于尊老爱幼的美德，要让敬酒人先坐下，但敬酒人往往先要谦让一番，然后在双方的反复敬请下，便以弯曲一条腿的膝盖示意为坐。被敬酒者将酒杯接过去，要行弯腰俯首之礼表示感激。然后，向天、地、火敬献过"德吉"后再饮用。同龄人之间敬酒也要特别谦逊礼貌，出自友情与相互尊重，要从座位上起身领取酒杯。在各种宴席上，由家庭主妇敬酒三巡后，开始奏乐起歌，家庭其他成员随之向来客轮流敬酒。此刻，属于晚辈的来宾，为了体现有家教修养、懂礼貌，要主动地向东道主敬酒。

蒙古民族最隆重的敬酒仪式，往往是迎接大恩大德、功成名就的显赫人物。这种隆重仪式一般不在室内举行，而是在下马桩前或者迎接在几里以外进行。蒙古民族对客人献哈达与敬酒的这两种礼仪，是文化概念和寓意不同的两种礼节，只有在这种极为隆重的仪式上，才将祝福吉祥的哈达与表达深深敬意的美酒并为一体敬献。当贵宾光临下马时，衣着、首饰华贵靓丽的敬酒女士代表东家，用双手捧起事先折叠好的天蓝色哈达，将斟满美酒的银碗放在右手的哈达上，唱着激情洋溢的敬酒歌迎接上去。因为哈达是寓意深情祝福和吉祥，所以客人先不忙于领取酒杯，而是先用右手将对方左手上的哈达挑起来，转放在自己左掌上，然后用右手把酒杯接过来，放在左手的哈达上，再用右手将哈达的另一端从对方右手上接过来，用右手无名指蘸着杯中酒向苍天、大地、祖先弹献，分别表示祭祀。此刻，肩负敬酒使命者面带笑容、满腔热情地站在客人面前，以优美文雅的姿势，缓缓行起屈膝躬身的劝酒之礼。来宾把酒饮过后返还酒杯，哈达也就自然归属来宾了。

风味小吃

四子王旗地处祖国北部边疆的杜尔伯特草原，是一个以蒙古族为主体、汉族居多数兼有其他少数民族的边境旗。这一带的风土人情、民俗呈现出蒙汉杂糅的特点。淳厚的民族性格以及独具特色的风味小吃，都从不同角度昭示着草原文化丰富的内涵与无穷魅力。

羊杂碎。将羊心、肝、肺、肚、肠洗净切成丝，放适量盐、姜、葱花、胡椒粉熬制而成。吃时按个人喜好加香菜、辣椒。羊杂碎是内蒙古中西部区常见的早餐之一，四子王旗更是把羊杂碎作为地方特色美食用来招待远方的客人。

四子王旗有一个地方叫"东梁"，整条街都是羊杂碎馆，每天周边地区驱车赶来的客人络绎不绝。四子王旗羊杂碎能吸引如此之多的人，是因为把羊杂碎的味道真正地做到了极致。

羊杂碎吃法有多种：1.把煮熟的羊杂各部位切块，盛入盘中，配上蘸料即可食用。

2.把羊杂各部位切丝，放入盘中，淋上油泼辣子、油泼蒜泥和陈醋，即成一道凉菜。

3.将炒勺在旺火上升温过油，放入羊杂急炒，再放入调味佐料，

羊杂碎

即成一盘美味的炒羊杂。

血肉肠。即肉肠、血肠。将洗净的绵羊小肠、肥肠灌入切碎的羊肉、羊油、羊血、面粉、盐、佐料，扎口煮熟食用，营养丰富，味道别具一格。

血肉肠

烧烤鲜羊肝。将新鲜羊肝切成块用护肚油包好，置火上烧烤，火灼油煎，乘热而食，鲜嫩可口，别具风味。

奶油（卓亥）拌炒米。将炒米、卓亥和白糖拌食，味香甜、耐饥、食用方便，是蒙古族最普遍的日常食品。

炸奶馃子。面粉里加入少量奶油、鲜奶、糖和好后，切成细条放入烧热的牛油或羊油中炸熟，色泽金黄、鲜脆可口，是牧区蒙古族牧民最具特色的日常油炸食品。

黄油蒸饼。将面粉和好后擀成薄皮，在上面均匀地涂上黄油后卷起，入笼蒸熟，切成细条与肉汤拌食，极富营养，口味独特。

炸合子。用温水和面擀皮，以切碎的羊肉加葱花、盐面拌馅，包成带花边的合子，放入烧熟的牛油或羊油中炸熟，色味俱佳。

酸奶面条。将制好的面条，以羊肉丁和适量酸奶、盐、葱花做汤下面食用，开胃、健脾，为蒙古族牧民常用之主食。

奶豆腐饺子。将新鲜奶豆腐切碎加适量酸奶或肉馅，配以葱花、盐拌馅，包的饺子煮食或蒸食，其味道别具风味。

蒙古馅饼。是草原上著名的食品。与一般馅饼比较，其特点是该馅饼的馅是精选绵羊肉或牛肉，肥瘦适宜，馅中放葱、姜等作料，不加菜，馅满，皮薄如纸，金黄酥软，油而不腻。

蒙古包子（蒙古蒸饺）。蒙古包子或蒙古蒸饺同是草原牧民最喜欢的食品。蒙古包子不用发酵面做皮，采用小麦面粉，用热水和面，称为烫面。馅有几种，一种是全羊肉馅，即整羊不分部位，全部剁馅只加葱姜等调味品。这样的馅做包子或蒸饺即是纯正的蒙古包子，也有在馅中略加奶豆腐或野韭菜等。另外有用牛肉做馅或是用羊心、肺、肚子、肥肠、百叶等加腌酸菜做馅。蒙古包子的特点是：馅大、皮薄、味道鲜香。

莜面。人们把莜面誉为后山"三宝"之首，"后山三件宝：莜面、山药、大皮袄"。莜面是由抗旱、抗寒、抗盐碱的莜麦加工成的面粉制作而成。莜面以它独特的品质见证了四

莜面

子王旗的饮食文化。

莜面富含钙、磷、铁、核黄素等多种人体需要的营养元素，还有一种特殊物质——亚油酸，是一种备受人们喜爱的健康饮食。一盆莜面，可以做出各种花样：窝窝、鱼鱼、洞洞、拿糕、块垒、团团、饺饺等，凉拌、蒸煮、煎炒无所不有。凉拌时，野生的扎麻麻和菜籽油炝香倒入凉菜中，香味扑鼻。热汤以羊肉蘑菇热汤为主。

拿糕以快捷著称。烧开水，把莜面均匀往水里撒，边撒边搅，左三下，右五下搅合一团如年糕，出锅蘸汤就成，入口筋道绵软，可谓快餐中的美食。块垒，分纯面的、和山药的，蒸的、炒的各有味道。

总之，莜面是四子王旗人的美食，是饮食文化中的瑰宝。

马铃薯。马铃薯也叫土豆，也是内蒙古"三宝"之一。在四子王旗大量种植，全旗农作物播种面积175万亩，其中马铃薯就有90万亩。四子王旗土豆个大、颜色好、耐储存、营养价值高。

马铃薯中含有丰富的维生素B1、B2、B6和泛酸等B族维生素及大量的优质纤维素，还含有微量元素、氨基酸、蛋白质、脂肪和优质淀粉等营养元素及丰富的膳食纤维。

马铃薯既可煎、炒、烹、炸，又可烧、煮、炖、扒，可烹调出几十种美味菜肴，也可以加工成粉条，还可"强化"和"膨化"。它不仅能做粮食，也可做蔬菜，还被用来制作点心等小食品。

宗教信仰

HUASHUONEIMENGGUSiziwangqi

宗教信仰

ZONGJIAOXINYANG

> 宗教是人类文化最古老的表现形式之一，这里融合了北方少数民族，特别是蒙古族的历史与宗教文化，形成了独具特色的宗教文化体系。

概略

四子王旗共有藏传佛教（喇嘛教）、天主教、伊斯兰教三大教派。中华人民共和国成立初期，境内共有喇嘛教庙宇24座和8个忽拉尔以及8处天主教堂点、1处清真寺。"文革"期间均不同程度遭到破坏。喇嘛教庙宇仅留残缺不整的锡拉木伦庙3个独贡、王爷府庙2个独贡，天主教仅存3个堂点，伊斯兰教仅留乌兰花清真寺。1985年，锡拉木伦庙2座独贡修复，恢复了正常的宗教活动。1995年，王爷府庙批准开放。乌兰花清真寺和包力板申清真寺都进行了修复。重建和维修了天主教的8个堂点。截至2017年，

宗教活动

王府家庙喇嘛聚会

全旗共有经批准进行正常宗教活动的场所 17 处。

藏传佛教（喇嘛教）

宗教是一种文化，是人类文化最古老的表现形式之一。从宗教的庞杂、深奥、神秘的思想体系来说，它是一种很复杂的文化现象，是人类文化中的一个重要组成部分。古老的四子部落崇拜、信仰喇嘛教有着悠久的历史。四子部落和众多的蒙古部落一样，最早崇尚的是一种被称作"波"的原始宗教，也就是萨满教。它在北方各民族中流行很广，时间也很长，至今在一些地方仍有它的影子。

13 世纪喇嘛教始传入蒙古部落。喇嘛教在四子部落已传播有 700 多年的历史，其影响之深、信徒之广、僧侣之多、召庙之众、规模之大均列周边各旗之首。就当时的历史条件下，喇嘛教博大精深的神学思想能在游牧部落中发展如此迅速，延续如此之长且建立了浩大的庙宇工程，确实令人惊叹。

四子王旗境内有黄教寺庙 24 座（红召格庙、忽鸡图乡法禧寺召尚不在其中）。例如后金天聪六年（1632 年），四子部落因征战迁来杜尔伯特草原不久就同期修建了"赛其庙""塔布忽洞庙"。清雍正十年（又同期修建了"朝日吉音庙""土格木庙"。清乾隆二十二年）又同期修建了著名的塞北古刹"锡拉木伦庙""什兰哈达庙"。从四子部落归附后金到清帝国的 200 多年中，一个仅有数万蒙汉人丁、辖地二万多平方公里的草原戈壁上召庙林立，僧侣遍布，可见当年喇嘛教之兴旺。

锡拉木伦庙

四子王旗辖区内最具宗教权威的当数"赛其庙"（在今查干补力格苏木境内，已凋废）；规模最大的是锡拉木伦庙（俗称大庙，在今红格尔苏木境内），该庙建于清乾隆二十三年（1758年），锡拉木伦庙蒙古语意为黄水，庙建于古称牛川的锡拉木伦河畔而得名。锡拉木伦庙殿堂依山傍水而建，5个大独贡（殿堂）间隔建于山水间，4座拉布仁和喇嘛庭院、白塔组成一座东西约三华里、南北约两华里的著名古刹召庙建筑群，被称为"恩格日民格"（意为聚有一千名喇嘛的庙宇），也是四子王旗境内建有两个"拉桑"（藏语意为宗教研究院）的黄教寺庙。锡拉木伦庙整个建筑群系藏式结构，5座宏伟的独贡金碧辉煌，殿堂内肃穆庄严，各尊佛像塑造工艺不凡，宗教壁画、唐卡精妙绝伦，有一尊盘坐在莲花宝座上的释迦牟尼铜像高约二十多米，佛像的一双手掌即可盘座四人，可称黄教铜像中的珍品。

四子王旗境内这座古刹，是内蒙古西部规模最大的召庙之一，曾请过六世活佛，僧侣最多时超过1400多名。锡拉木伦庙依山而建，峰回路转，曲径通幽，布局巧妙，殿堂错落有致，小型林卡相间其中。古树参天、优雅别致。拉布仁、庙桑设计各异，白色僧侣庭院参差有序，锡拉木伦河由东南向西北蜿蜒流经庙前，庙区内奇峰异石上，刻

宗教活动

宗教活动

宗教活动

有佛像、图腾、吉祥图画，山上绿草青青，古树迎风摇曳，一派草原古刹圣洁景象，素有内蒙古"小拉萨"之美誉。

锡拉木伦庙5个大独贡为：

萨胡拉森独贡（修建最早的殿堂）；

朝格庆独贡（规模最大的殿堂）；

奈登独贡；

珠得布独贡；

却热音独贡。

四个拉布仁为：

格根拉布仁（活佛寝宫）；

巴润拉布仁（巴润活佛寝宫）；

汗斯日拉布仁（汗斯日喇嘛寝宫）；

却拉布拉布仁（推喇嘛、巧尔齐喇嘛寝宫）；

四个庙桑（意为庶务处）为：

依和吉寺桑；

却热音寺桑；

珠得布寺桑；

甘珠日寺桑；

在锡拉木伦庙主体建筑群的正南吉尔格朗图山的峡谷中，还修刻建了一处被称作"红格尔乌勒格"的活佛避暑夏宫。夏宫建于峡谷中，锡拉木伦河在殿墙脚下潺潺流过，山花烂漫、芳草萋萋、气候凉爽、幽静安谧。

锡拉木伦庙请过的六代活佛是：

第一代活佛：老布森丹毕阿布吉；

第二代活佛：老布森苏德那木巴拉森；

第三代活佛：阿格瓦土布登尼玛丹毕扎勒森；

第四代活佛：阿格瓦格拉森吉格米德；

第五代活佛：老布森巴拉登丹毕扎勒森；

第六代活佛：格拉森图布登义希扎木苏健在；

锡拉木伦庙的重要庙会有：

默朗钦摩（祈愿大会），每年正月初五至十五举行，为庆祝藏传佛教黄教成立的纪念佛会。

甘珠尔庙会，

恰得格庙会，

忽却得格庙会，

嘛弥庙会

……

在庙会期间四子王旗和友邻旗县的蒙古族群众都要来朝圣拜佛，许愿布施。1942年锡拉木伦庙请六世活佛格拉森图布登义希扎木苏的庙会上，到会人数近万人（包括边贸商人），收信徒布施银圆4600多元，羊870多只，马63匹，敬佛奶油4000多斤，从这些数字可见盛会之空前。

庙会进行了7天，五座大独贡鼓号齐鸣，诵经7天，演出了藏戏（俗称跳鬼）。藏戏内容丰富多彩，多表现驱邪压魔、歌颂佛法、惩恶扬善、佛降吉祥等内容。表现浓厚的宗教色彩和民族特色。期间还举办了摔跤、赛马、射箭三项竞技。

中华人民共和国成立后，在党

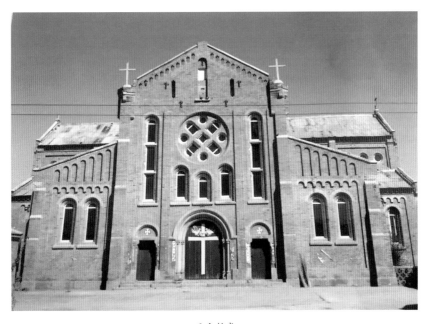

天主教堂

的民族政策、宗教政策的照耀下，广阔牧区人畜兴旺，牧民生活逐步富裕起来了，宗教信仰受到了宪法的保护。喇嘛教神职人员及僧侣根据个人意愿去留自由。

党的十一届三中全会以来，正当的宗教生活和宗教活动又得以恢复。国家有关部门拨发经费重新修建了锡拉木伦庙的部分建筑、活佛和僧侣住所。部分喇嘛又重返寺庙。诵经声、法器声又在红格尔山谷中庄严地响了起来。近年来，小型庙会也得以恢复，虔诚的教徒们又可以进庙顶礼膜拜，布施许愿祈求草原人畜安康、国泰民安。

天主教

天主教早在1861年就已经传入四子王旗，当时隶属法国圣味增爵会管，1865年由比利时天主教圣母圣心会接管。1872年巴耆贤主教把四子王旗划属中蒙古教区。1883年重新划属西蒙古教区。1922年隶属绥远教区管辖。

库伦图天主教堂，是四子王旗境内最大且保存最为完整的天主教堂，因位于四子王旗库伦图镇政府所在地而得名。该教堂始建于1927年，当时是由比利时籍神父慧崇德主持动工兴建。1929年因当地遭受自然灾害停了工。1932年又由中国神父康景东主持再次动工修建，建成于1935年。

该教堂为坐北朝南的砖木结构，建筑风格为希腊十字形。占地面积

天主教教堂

1650平方米，高7丈，堂内用14根石柱支撑（哥特式），内形取圆拱形。堂的西北角有钟楼一座，高11丈。因当时经济困难，财物缺少，未能进行内部修饰。

该堂内部还另设有育儿园（婴儿院），收育一些被人遗弃的婴幼儿，也收留一些无人供养的老人。同时，还设有学校，除了讲授教会要理外，还按社会一般学校的课程给学生授课。库伦图小学当时是特别出名的一所，国民党时期，政府曾将该校接收为官办小学，日伪期间也曾派人管理该校。1945年抗战胜利后，四子王旗天主教各小学联合办学，起名为"晓旺"学校，以库伦图为中心小学，其他各堂口所办小学为分校。

该堂共经历了19任神父，其中比利时籍神父6人，中国籍神父13人，第一任是比利时籍神父慧崇德，任职时间最长的是武维周。据统计现有教徒约14000多人。如今，游人仍可参观那宏伟的哥特式建筑和壮观的做弥撒活动。

伊斯兰教

四子王旗境内，回族群众均信仰伊斯兰教。伊斯兰教传入四子王旗始于清同治年间（1862～1874年）。起初因人数少且居住分散，没有固定活动场所。后随着回族人口在四子王旗逐渐增多，乌兰花和

乌兰花清真寺

包力板申等回族群众聚居的地区开始出现了伊斯兰教活动。民国十五年（1926年），乌兰花镇北街建起了一座40平方米的土木结构清真寺。民国二十四年（1935年），王魁真任阿訇期间，在北街买下了一块空地，建起一座规模较大的土木结构清真寺，其建筑面积约100平方米，并有5间土房及独立小院，整个院落占地约3000平方米，成为全旗伊斯兰教的主要活动场所。

1949年，全旗的伊斯兰教徒189人，其中乌兰花镇内有87人。20世纪50年代，在回族商人经常拉骆驼落脚的包力板申建了一处45平方米的土木结构清真寺，作为当地回族群众的宗教活动场所。从中华人民共和国成立后到"文化大革命"前，境内回族信教群众有700余人，"文化大革命"期间，伊斯兰教活动停止。1978年后，对年久失修的乌兰花清真寺进行了翻修，建成了面积为100平方米的阿拉伯式砖瓦结构清真寺，新建的阿拉伯式礼拜殿，青砖砌墙，青瓦封顶，殿内外雕梁画栋，古色古香。内外匾幅都用阿拉伯文书写。寺院有殿堂6间，住房6间，还有两间澡房供镇内穆斯林沐浴。整个建筑环境幽静、庄严肃穆，显示出回族人民的聪明才智。

自建寺至2017年共经历了15位阿訇。信教群众主要分布在乌兰花镇、大黑河乡包力板申村和东八号乡白彦敖包村。

建设成就

建 设 成 就
JIANSHECHENGJIU

四子王旗牢固树立"五大发展"理念，围绕"生态立旗、农牧稳旗、工业强旗、旅游名旗、商贸活旗"发展战略，全旗经济社会呈现出稳步增长、质效同升的良好态势。

经济建设
农牧业发展

四子王旗是一个以蒙古族为主体、汉族居多数的少数民族边境旗，南部为丘陵山地，间有小面积的平原，是农作物的主要种植区，北部为荒漠草原，是发展畜牧业生产的天然草场。中华人民共和国成立以来，勤劳朴实的四子王旗各族人民在党的各项方针指引下，坚持以发展农牧业两大支柱产业推动其他各业发展的方针，取得了一个又一个的胜利。农牧业生产的全面丰收推动着四子王旗的工矿企业、商贸物流业、文化、教育、卫生等各项社会事业的飞速发展。

农业方面。近年来，四子王旗紧紧围绕"农业增值、农民增收"目标，全面落实党的强农惠农政策，积极调整种植结构，不断推进农业产业化经营，加大现代农业、高效设施农业建设力度，扶持农村合作经济组织建设，呈现出农业、农村经济健康发展的态势。

从自治区成立到1949年，全旗总人口69501人，其中农业人口60360人；耕地132万亩，其中仅有水浇地9320亩；机井无一眼，农业机械无一台；粮食播种面积83.2万亩，粮食总产量7133万斤，平均亩产85.7斤；油料播种面积近6万亩，总产量510万斤，平均亩产86.2斤；农业总产值2156万元（按1980年不变价计算），农业税收10万元；农民人均收入不足20元。经过30多年的发展，到1978年，全旗耕地达到242万亩，其中水浇地242万亩；有机（电）井1246眼，农用拖拉机450台，农用汽车22辆，机动脱粒机359台，柴油机2244台。粮食产量达到31.4亿斤，平均亩产92.7斤；油料总产557万斤。农

马铃薯种植

业总产值 9840.5 万元，农民人均收入 83 元。自试行农村联产承包责任制，特别是进入"九五"以来，四子王旗农业发展速度不断加快，农业抵御自然灾害的能力不断增强，农业新技术、新品种、新机具得到大力推广和应用，并取得了明显成效。到 1995 年，全旗农业总产值达到 18163 万元，是 1978 年的 2 倍、1949 年的 8 倍多。

"九五"期间，大力实施"125"工程，调整优化种植业内部结构，发展高效农业。四子王旗总播 127 万亩，落实"125"工程田 103 万亩，其中马铃薯 75 万亩，覆膜玉米 18 万亩，占总播面积 81% 的工程田产出了占总产量 90% 的粮食。在抓好工程田落实，稳定粮食产量的基础上，加大六大农业科技开发区建设和水地"退粮种经"的力度，水地

亩收益首次突破千元大关。粮食总产量在耕地进一步缩减的情况下达到 2.6 亿斤，比 1995 年增加 0.98 亿斤，创历史最高水平。

2000 年完成各类水利工程 346 处，新增保灌面积 2.05 万亩，新增节水灌溉面积 2.36 万亩。

"十五"期间，农业结构进一步优化，马铃薯、玉米等主导产业渐成规模，综合生产能力显著提高。农业产业化快速发展，涌现出了一大批以农产品加工为主的龙头企业。

"十一五"以来，以膜下滴灌为主的设施农业达到 21 万亩，其中喷灌 11.45 万亩，膜下滴灌 9.55 万亩，膜下滴灌种植面积居全区旗县之首；马铃薯产业，农户最高纯收入超过 30 万元，实现了包产到户以来全旗农业生产的革命性变化，一部分农民因此快速致富。

"十二五"以来，全旗农作物播种面积达到175万亩，累计建成大型指针式喷灌圈12.85万亩，膜下滴灌45.3万亩，设施农业总面积达到58.15万亩，农业总产值达到24.2亿元，年均递增14.8%。马铃薯种植面积达到82万亩以上，以马铃薯淀粉加工为主的大型企业快速发展，产能达到4亿斤，较"十一五"末增加1.5亿斤。

农业产业结构调整："十二五"期间，四子王旗全面落实党的强农惠农政策，积极调整种植结构，不断推进农业产业化经营，加大现代农业、高效设施农业建设力度，扶持农村合作经济组织建设，特别是通过不断调整农业产业结构，逐步形成了以马铃薯、油料（菜籽油、葵花）为重点的两大主导产业。通过引进优良品种、发展设施农业、推广高产栽培和大、中型农业机械等专业技术，使粮油作物产量显著提高，马铃薯、油料作物的主导产业地位得到巩固。全旗每年农作物播种面积保持在85万亩左右，年粮食总产量保持在4亿斤左右，油料作物产量保持在9000万斤左右。

改善农业基础设施：四子王旗高度重视农业基础设施建设。通过整合土地管理、农业综合开发、巩固退耕还林成果后续产业、中低产田改造等项目资金，建成以膜下滴灌为主的高效节水灌溉设施农业面积51.4万亩，其中设施马铃薯种植面积占到50%，带动全旗粮油作物平均亩产提高了近30%。农业基础设施的改善，为提高农业生产效益、有效增加农民收入奠定了坚实的基础。在坚持和完善农村基本经营主体，构建起集约化、专业化、组织化、社会化相结合的现代农业经济体系。到2015年末，全旗农村土地承包经营权流转面积达到56.6万多亩，占耕地面积近1/3。通过有效流转，土地逐步向生产规模大、经营能力强的大户，特别是向专业合作社和农业产业化龙头企业集中，重点扶持了30多个农业种植专业合作社的能力建设，其中7个达到了市级示范社的标准，3个达到了自治区级示范社的标准。这些合作社引领当地农民进行适度规模化经营，全面推进了现代农业发展步伐。

四子王旗是我国北方地区最大的马铃薯种植旗县，马铃薯种植面积占到总播面积的48.6%，年产量达到20亿斤左右，占粮食作物总产量的90%以上。农民人均纯收入的60%来自于马铃薯产业。为此，四子王旗积极开展以马铃薯为主的农作物高产创建活动，高产马铃薯亩产达到4500斤，核心示范田亩产达

中加公司

到 6200 斤以上。同时，全面加快马铃薯良繁推广体系建设。以内蒙古中加农业科技有限公司等种薯生产龙头企业为依托，全旗建成从茎尖剥离、脱毒苗扩繁、原原种网室生产到原种大田扩繁完整的马铃薯原良种繁育体系，达到年生产微型薯1500 万粒，原种 750 万千克，一级种薯 7500 万千克的能力，马铃薯良种覆盖率达到 90% 以上。与此同时，大力扶持马铃薯加工企业发展，提高加工转化能力。2015 年末，在建的马铃薯产业园区一期工程 1 万吨马铃薯全粉、1 万吨薯条生产线完成基础建设并正式投产。全旗建有农业部定点农产品批发市场——北方马铃薯交易市场一处，农民自建、政府扶持的产地批发市场 2 处，年

外销马铃薯商品薯达到 12 亿斤，产品远销蒙古国和我国北京、上海、南京、杭州、重庆、西安、大连、无锡、常州、徐州等地。

"十三五"以来，全旗完成农作物总播面积 175 万亩。其中马铃薯 75 万亩，葵花 53 万亩。农业企业采用"公司＋基地＋农户"的模式，充分与农民建立利益联结机制，着力打造自治区级马铃薯种薯繁育基地。全年生产高质量脱毒苗 2000万株，原原种 3500 万粒，原种 1500吨，优质合格种薯 18 万吨，种植农户亩均收入翻一番。加强马铃薯仓储建设，新建 60 吨储窖 200 座，储存能力达到 8.4 亿斤，为全旗马铃薯规模化、产业化发展提供了坚实保障。坚定不移地发展以马铃薯为主

的现代农业,马铃薯种植面积稳定在80万亩。加强以中加农业科技有限公司为主的种薯繁育龙头企业示范引领作用,实现年产高质量脱毒苗6500万株,原原种7500万粒,原种2.5万吨的目标,逐步实现标准化种薯种植面积达到20万亩,打造成立足全旗,辐射全市乃至全区的种薯培育核心基地。推进农业标准化进程,建设马铃薯绿色高产示范田6万亩,标准化生产田20万亩。引进和推广荷兰薯、冀张薯、夏坡蒂等加工专用品种,力争种植面积达到20万亩,实现高产出、高收入。积极鼓励土地向专业合作社流转,促进农业向规模化、集约化发展转变,重点扶持一批高标准合作社。充分发挥龙头企业与农牧民脱贫增收的纽带作用,通过政策扶持、企业带动,实现1000户建档立卡贫困户稳定脱贫的目标。此外,大力推广高产创建、测土配方、病虫害防治等实用技术和农业保险服务。深入推进气象改革,加强气象服务能力,年内完成国家基本气象站迁移及信息化业务平台建设,提高灾害预防能力。

畜牧业方面。畜牧业是四子王旗的传统优势产业和支柱产业。四子王旗按照"优质、高校、生态、安全"的发展思路,努力打造现代畜牧业新体系,夯实产业发展基础,实现了畜牧业增长、农牧民增收和农村牧区经济体系的持续繁荣。目前,全旗畜牧业已经进入由传统畜牧业逐步向现代畜牧业转变的发展阶段。

赛诺公司

杂交肉羊生产合作化经营模式示范点

在民主改革和国民经济恢复时期，四子王旗模范地落实了自治区制定的"三不""两利""稳、宽、长"，以及保护牧场，禁止开荒等政策。在社会主义建设时期，四子王旗排除了"左"的干扰，推行了"两定一奖""三定一奖"责任制，制订了相应的措施，使畜牧业生产得到较快的发展，到1964年，四子王旗牲畜总数突破107万头（只），比1949年的20万头（只）增长了5.35倍。党的十一届三中全会以来，四子王旗认真执行党在畜牧业和牧区工作中的政策，坚持改革、开放、搞活的方针，坚定不移地对畜牧经营体制进行改革，在自治区范围内较早地推行了家庭联产承包经营，

实现了畜牧业的人、草、畜和责、权、利相统一，使四子王旗畜牧业进入了一个崭新的发展时期。从1989年开始，在四子王旗推行草牧场有偿承包使用制度。这一制度的推行，是四子王旗畜牧业生产在思想观念和管理体制上的又一次重大变革。

20世纪90年代，四子王旗已形成年生产13000吨肉、1200吨奶、2000吨绒毛、47万张皮的生产能力。四子王旗畜牧业为国家轻工企业的发展，提供了丰富的畜产品原料，为出口创汇、改善城乡居民的膳食结构，提高人民生活水平做出了重大贡献。

"九五"期间，农区以"两专一区"建设为重点，切实转变畜牧

业增长方式，新建养殖小区10个，专业村59个，涉及专业户5082个，配套建成标准化棚圈5500处，牛羊"两站"190个，育肥牛羊33万头(只)，舍饲育肥、四季出栏已逐步被广大群众所接受，正在成为农区畜牧业发展的主流。牧区坚持建设养畜，具体实施了植被建设、家庭牧场建设、种子建设、增水"四大工程"。在财政紧张、专项资金十分有限的情况下，多方筹资900万元，共完成71万亩的草原建设规模。

"十五"期间，畜牧业结构进一步优化，奶牛、肉羊等主导产业渐成规模，综合生产能力显著提高。畜牧业产业化发展快速，涌现出了一大批以畜产品加工为主的龙头企业。

特色"养殖模式"。"十一五"以来，"杜蒙"肉羊产业逐步规模化，累计养殖20万只，饲养周期短、经济效益高、生态效益好的优势得到充分体现，成为四子王旗有史以来最成功的畜牧业转型。与此同时，新型农牧业合作组织蓬勃发展，农牧民科学养羊水平不断提高，农牧业产业化、组织化程度明显增高，基本形成了基地支撑、示范区带动、龙头企业引领的农牧业化格局。

"十二五"以来，高效畜牧业稳步推进，年出栏肉羊110多万只，牲畜良种率达到85%，成为全市重要的农畜产品生产加工基地。"十二五"期间，农牧民人均纯收入年均增长13.5%，比"十一五"增长了88.2%。以赛诺公司为龙头的"公司＋基地＋牧户"的经营模式顺利推进，"杜蒙"肉羊合作户达到2280户，户均增收3万多元。年内，完成杂交改良肉羊30万只，成功入选第一批国家肉羊核心育种场。"品牌"战略迈出了实质性步伐。"四子王羊"成为全市第五个、全旗首个地理标志证明商标，四子王戈壁羊及其制品成为全市第三个国家生态原产地保护产品，也是自治区唯一以肉类申报的国家生态原产地保护产品。与此同时，中峰集团肉驴养殖项目成功落地，为畜牧业结构调整注入了新的活力。全旗累计种树种草300万亩，其中柠条种植达100万亩。牲畜饲养量250万头（只），年产肉类3.6万多吨，毛绒1800吨，皮张120万张，肠衣100万根。

"十二五"期间，四子王旗各类家畜存栏总数达到184.22万头（只），其中大小畜存栏达到180.63万头（只），生猪存栏3.6万头。年肉类产量2.9万吨、绒毛产量2500吨、蛋类产量700吨、奶类产量4200吨。畜牧业产值10.2亿元，

杜蒙羊

占农业总产值的 51.2%。

"十二五"期间，四子王旗不断加强棚圈、青贮窖、储草棚等基础设施建设，畜牧业防灾抗灾能力不断加强，标准化生产技术得到不断提升。2015 年末，全旗标准化暖棚和青贮窖累计分别达到 49.76 万平方米和 56.9 万平方米，配套饲草料加工机具 1353 台（套）。全旗草原建设总规模达到 1069 万亩，累计建成灌溉饲草料基地 6.53 万亩，牧区建成灌溉小草库伦 1060 处 2.41 万亩，人工种草保有面积达 120 万亩。各类饲草年产量达到 3 亿多千克，青贮 2.1 亿千克，为现代畜牧业的发展奠定了坚实的基础。

四子王旗把饲草料生产放在发展畜牧业的重要地位，年均完成人工种草 44 万亩。依托草原生态保护补助奖励机制政策——牧草良种补贴项目，在全旗 14 个苏木（乡镇）场累计种植多年牧草 9.1 万亩。从 2011 年起，四子王旗组织实施草原生态保护补助奖励机制工程，共落实草原生态保护奖励面积 3075 万亩，其中禁牧面积 1844 万亩，家畜平衡补奖面积 1231 万亩。补奖机制涉及牧户 6986 户，牧民 21868 人。2015 年末，家畜平衡区牲畜由原来的 62.8 万头（只）核减到 41 万头（只），禁牧区牲畜由原来的 61.4 万头（只）减少到不足 13 万头（只），草原承载负荷明显减轻。

按照市场发展规律和现代畜牧

业的发展要求，四子王旗初步确立了布局合理、均衡发展的区域化生产格局。南部牧区积极推行草畜平衡制度，大力发展杜蒙杂交肉羊生产；北部牧区实行禁牧制度，使草原生态得到修复。

为了着力推进草原畜牧业经济调整步伐，把肉羊产业打造成为富民产业，四子王旗通过政府在资金扶持、企业技术支持、合作户参与配合等方式，依托同期发情、人工授精、胚胎移植等技术，大力推广杜蒙杂交肉羊养殖模式。先后建成配种站90个，输精点700个，组织公羊1000多只，直接参与人工授精的技术人员有90余人，累计整合相关项目资金近3000多万元用于肉羊技术服务体系建设。到2014年，杜蒙肉羊杂交人工授精配种已经达到25万只的规模，涉及南部3个苏木（镇）19个嘎查，覆盖1200户牧民，杜蒙杂交肉羊养殖户胡军年增收3.5万元。

发展养殖专业合作社。全旗组建畜牧养殖专业合作协会和合作组织266个，参与合作社经营互动的牧民达到1330多户，注册资金3.27亿元。通过持续开展农牧民专业合作社示范社建设行动，培育了一批经营规模大、服务能力强、产品质量优、民主管理好的示范社。其中，国家级示范社3个，自治区级示范社4个，市级示范社8个，旗级示范社30个，形成了国家、自治区、市、旗四级农牧民专业合作社示范引导体系。通过"公司＋农户"等组织

萨福克羊

形式，带动养殖户向规模化、集约化和标准化方向发展。

四子王旗建成的13家畜产品加工企业均进行了无公害农畜产品认证，1家企业进行了有机畜产品认证，2家企业进行了绿色食品认证，5家牲畜屠宰企业完成了动物产品进京入沪审批手续，7家企业通过了ISO9001管理体系认证，杜蒙肉羊取得了地理标志认定认证。

"十三五"以来，四子王旗着力打造全国杜蒙肉羊之乡。突出抓好以杜蒙肉羊新品种培育为主的种子工程和良种技术推广体系建设。投放杜泊种公羊3000只，逐步实现全覆盖。完成杜蒙肉羊杂交改良35万只，新增肉羊改良示范户360户，累计达到2600户以上。目前，完成杜蒙羊改良配种8.3万只，其中人工授精5.4万只。加快杜蒙羊新品种培育进度，2017年计划选留2.5万只，建立黑头杜泊羊、萨福克羊和双羔蒙古羊三个核心群。目前，已经生产横交羊7000只，完成冻精生产4万枚。与此同时，中峰集团肉驴养殖项目成功落地，为畜牧业结构调整注入了新的活力。此外，举办各类科技培训221期、19340人次，科技对农牧业发展的支撑作用明显增强。继续推进畜产品追溯体系建设，结合"四子王羊"等品牌，打造从养殖场到餐桌的绿色畜产品。

精准扶贫。四子王旗扶贫开发工作从2014年开始建档立卡，2015年"回头看"，2016年全面实施精准扶贫。

党的十八大以来，习近平总书记深情牵挂贫困地区，多次视察调研，发出时代最强音：小康路上不让一个人掉队。四子王旗坚持把脱贫攻坚作为最大的民生工程和政治任务，按照"扶持谁""谁来扶""怎么扶""如何退"的脱贫工作思路，认真落实"六个精准"和"五个一批"政策措施，创新实施"菜单式""转移式""就业式""保障式""输血式"五大脱贫措施，实施产业扶贫，积极发挥企业带动作用，加快推进易地扶贫搬迁与小村整合，大力开展健康扶贫，加强社会保障和临时救助。

"三法七步骤"帮扶措施落到实处。3年来，四子王旗扎实开展贫困人口建档立卡"回头看"工作，采取"三法七步骤"认定办法（即：排除法、收入测算法、直观认定法；入户调查、初步确定、民主评议、张榜公示、苏木（乡镇）审核、汇总分析、录入系统），对农村牧区常住户进行摸底排查。经过信息比对、清理等工作，全旗精准识别出国家贫困线下贫困人口5454户12634人。

四子王旗政银企合作带动贫困户脱贫签约仪式

四子王旗整合财政资金 2.65 亿元，发放金融扶贫贷款 6.92 亿元，共扶持 16567 人次，2016 年实现稳定脱贫 968 户 2103 人，净脱贫 938 户 2029 人，在精准脱贫的路上，四子王旗努力前行。

摸清底数精准施策。按照"六个精准"基本方略，以"五个一批"为主要脱贫途径，全面落实"九项重点"措施，确保计划贫困人口稳定脱贫。全面解决贫困户危房。四子王旗通过小村整合、易地扶贫搬迁及危房改造工程解决贫困户危房问题，到 2017 年底全旗建档立卡贫困户住房 100% 得到保障。

2016 年来，四子王旗牢牢把握"适用"和"有效"两大原则，主要在以下六个方面进行了努力探索

和有效尝试。一是因户制宜"菜单式"扶贫。根据贫困户的意愿和实际情况，制定出台了《脱贫产业补贴目录》，推出了"菜单式"扶贫模式，让贫困户自己"点菜"，因户施策、因人"上菜"，贫困户按照自身需求，缺什么补什么，确保如期实现脱贫目标。2016 年，农区建成膜下滴灌 7.2 万亩，覆盖贫困人口 263 户 552 人，人均增收 2000 元以上；牧区采取"公司＋合作社＋贫困牧户"的模式发展杜蒙肉羊产业，通过财政金融扶贫资金对贫困户的扶持，大大地改善了牧民的生活环境，有效解决了养殖户购买草、料用款的困难，加之棚圈改造也使得羊羔存活率大增，提高了养殖户的抗灾保畜的能力。杜蒙羊，体型肥硕、肉

精准扶贫中加

质鲜美，通过提高肉羊个体生产能力，增强育肥羊供应能力，提高草原利用率，以优质、高产、高效、安全、生态为目标，利用创新技术与创新品种，促进畜牧业增效，农牧民增收。通过以上扶持，大大增加了贫困户的收入，改善了他们的生活环境，实现人均增收3600元以上，带动贫困户52户112人。同时，结合易地扶贫搬迁，扶持223户495人贫困人口发展肉羊、肉鸡、生猪等养殖业，奠定了早日脱贫的坚实基础。二是易地搬迁"转移式"脱贫。在易地搬迁和小村整合方面，首先采取小村撤并建新村、入住幸福院、中心村配建安置、进城入镇安置等方式解决贫困户的住房问题，通过"转移式"脱贫方式，实现了搬迁对象生产、生活条件明显改善，收

入水平明显提升。使搬迁对象在享受原有惠农政策不变的基础上，还可享受到便利的基本公共服务，迁出区生态环境明显改善。2016年，129个自然村集中新建新村39个，解决贫困户危房1533户。其次，通过土地流转、富余劳动力转移和发展生产解决收入稳定增长问题。集中流转土地25万亩（流转水地亩租金300元；旱地亩租金100元）。土地流转解放出来的富余劳动力可通

杜泊种山羊

为牧民介绍金融扶贫专项贷款

过务工实现人均增收 3250 元，结合"菜单式"扶贫，发展生猪、肉鸡、肉羊产业，人均可增收 1500 元。三是公益安置"就业式"脱贫。立足作为全区唯一县级国家主体功能区试点的优势，依托重大生态工程建设，提高贫困人口参与度和受益水平。就地就近选用生态保护人员 304 人，村庄保洁员 72 人，人均最少年增收 5000 元。四是特惠救助"保障式"扶贫。以进一步加大义务教育投入力度，改善中小学校办学条件，全旗 80% 以上的中小学校达到标准化，实现义务教育均衡发展目标。2016 年以来，已对 1438 名贫困家庭在读学生按学籍分别给予了定额补助。建立贫困人口大病住院治疗绿色通道和费用报销实现"一站式"服务，并提高各类报销比例，扩大救助范围，共为 1198 人报销医药费用 599.7 万元（住院、慢性病、门诊）。建立了贫困户意外伤害保险、大额补充医疗保险和住院津贴保险制度，由财政扶贫专项资金解决每人 100 元的投保费用，构筑因病因灾致贫返贫防线。筹资 500 万元建立了贫困户大病救助基金，在各项救助政策兑现后，再给予相应的救

移民新村

220kV 杜尔伯特数字变电站

助。实行扶贫和农村牧区最低生活保障"两线合一",稳步提高低保、五保、直补标准,1382 人纳入现金直补。五是金融贷款"输血式"扶贫。深入实施金融扶贫富民工程,惠及广大贫困户。去年以来累计发放金融贷款 3.87 亿元,惠及农牧民 8416 户,其中贫困户 605 户。六是积极整合财政涉农涉牧资金集中用于脱贫攻坚。在易地扶贫搬迁专项资金 2785 万元不变用途的前提下,去年以来共整合涉农涉牧资金 2.65 亿元,统筹使用到教育、社会保障、医疗救助、重点村基础设施和产业发展、危房改造项目、小村整合易地搬迁等项目,实现了资金效益最大化。

四子王旗按照"六个精准""五个一批"的总体要求,坚决打赢脱贫攻坚战,采取多种措施开展扶贫工作,到 2017 年底实现 2530 人稳定脱贫,确保到 2020 年实现 12634 名贫困人口全部脱贫,国贫旗脱贫摘帽的奋斗目标。四子王旗,正发扬蒙古马精神,吃苦耐劳、一往无前,跑完"脱贫攻坚战"的最后一公里。

工业化建设

四子王旗工业发展经历了从小到大、从弱到强的发展过程, 1949 年,四子王旗没有规模化的工业,只有一些零星分散的手工业作坊,从事皮毛、铁、木等加工业,四子

王旗工业总产值仅为 28 万元。1958 年以后,逐步创办了中小型农具、皮毛制品、车马轮具、制酒、制砖等产业,到 1978 年,工业总产值猛增到 1326.23 万元,已能生产出淀粉、纸、糖、乳制品、肥皂、白酒、各种鞋、帽、服装、地毯等生活用品;并能生产石灰、水泥、砖、农用拖车、饲料粉碎机、脱粒机等建筑用品和小型农机具。特别是四子王旗历来注重民族用品的生产,蒙古靴、马靴、羊毛剪、驼绒服装、地毯等产品畅销区内外,素负盛名的张有有羊毛剪多年被列入自治区名牌产品行列,受到本旗和锡林郭勒盟等地区牧民的赞誉。1978 年后,四子王旗工业取得了长足的发展,初步形成了比较独立、完整的民族工业体系。

"九五"期间,四子王旗有国营工业企业 13 家,集体工业企业 9 家,乡镇工业企业 1011 家。1995 年以后,经过工业体制改革,工业门类和工业产品实现了重大调整。1999 年,全旗工业总产值 1.0838 亿元。同时,涌现出萤石公司、粉丝厂以及开发公司等一批国有和私营的利税大户。

"十五"期间,工业经济逐步复苏。四子王旗规模以上工业由 6 家发展到 21 家,完成工业增加值 2.4 亿元,年均增长 25.4%。四子王旗

地区生产总值从 2000 年的 7.41 亿元增加到了 2005 年的 20 亿元，平均增幅 21.9%。第一产业从 2000 年末的 4.23 亿元增加到了 2005 年的 5.99 亿元，平均增幅 7.2%；第二产业从 2000 年的 1.4 亿元增加到了 2005 年的 8.58 亿元，平均增幅 43.7%；第三产业从 2000 年的 1.78 亿元增加到了 2005 年的 5.43 亿元，年平均增长速度为 25%。三次产业结构由 2000 年的 57∶18.9∶24.1，升级至 2005 年的 30∶43∶27。从"十五"的总体情况来看，第一产业比重每年都有所下降，但仍在国民经济中占有相当比重；第二产业比重大幅度上升，在国民经济中逐渐占据主导地位；第三产业虽有所上升，但速度平稳。总体来说，三次产业结构得到进一步的优化，工业化进程初见成效。

"十一五"是四子王旗发展最好、综合经济实力提升最快、基本建设规模最大、人民群众得到实惠最多、城乡面貌变化最明显的 5 年。

这 5 年，是加快发展、工业经济取得新突破的五年。

坚持招商引资大上工业项目，工业经济呈现加速发展趋势，硅化工、氟化工、硫化碱项目相继投产，实现了由出售原料向精深加工的重大突破；风能开发稳步推进，3 个 4.95 万千瓦风电项目顺利并网；煤、石油勘探持续深入，开发前期工作取得了实质性进展；资源整合成效明显，科学开发利用水平逐步提高。到"十一五"末，规模以上工业增加值累计达到 26.5 亿元，年均增长 23.6%，是"十五"期末的 4 倍。工业增加值占生产总值的比重达到 35%；规模以上工业企业发展到 40 户，经济效益综合指数达到 256.6。

四子王旗拥有丰富的矿产资源、农畜产品资源以及充足的天然绿色能源，为工业经济发展奠定了坚实的物质基础。"十二五"以来，全旗紧紧围绕"工业强旗"战略目标，通过"一手抓基础，一手抓重点"，工业经济保持持续稳定增长态势，产业结构得到进一步优化，在原有矿产业和农畜产品加工业发展的基础上，逐步形成了农畜产品加工、能源、化工、矿产采掘、建材业等同步发展新格局。

5 年来，坚持以产业多元、延伸、升级为方向，工业经济实力不断增强。紧紧围绕"工业强旗"发展战略。"十二五"期间，以风、光电为主的清洁能源产业得到了迅猛发展，到 2015 年，全旗共引进风、光电企业 9 家，装机总容量达到 106 万千瓦，是"十一五"时期的 7 倍。

"十二五"末，四子王旗共有

各类工业企业达到84家，其中，规模以上工业企业40家。从2011年到2015年底，四子王旗规模以上工业企业累计实现工业总产值255.88亿元，同期增长190.2%；累计完成工业增加值70.31亿元，同期增长162.15%。坚持经济发展与节能环保并重，化学需氧量和氨氮排放总量比"十一五"同期分别减少17.5%、8.6%。四子王旗工业固定资产投资年均增长23%，累计完成132亿元，是"十一五"时期的3倍。

产业结构进一步优化。农畜产品加工：四子王旗年产鲜薯20亿斤，年产油菜籽3500万斤，年产葵花籽7800万斤，年产肉类3.6万多吨、绒毛4000多吨、皮张100多万张、肠衣100多万根。规模以上农畜产品加工企业14家，从业人员450人，年加工肉食品6.2万吨，年加工马铃薯30万吨，年完成工业增加值6.67亿元。"十二五"期间引进的民丰薯业和中加农业，更是延伸了四子王旗农畜产品加工的产业链条。

能源产业。煤炭资源开发：江岸、白彦花、白乃庙（西区）三块煤田探明储量31.72亿吨，可开采量13.6亿吨。煤种大多数为褐煤，发热量在4500（大卡）左右/千克。白乃庙煤田露天开采结束了四子王旗有煤不产煤的历史。白音花、江岸煤田的开发已提上议事日程，新

四子王旗风电

型煤化工建设指日可待。清洁能源：四子王旗太阳能、风能资源丰富，年平均日照时数3200小时，年平均风速7.5米/秒，拥有可利用风能资源面积6000平方公里，规划了巴音、幸福和夏日三大风场。继国电龙源、中广核、港建新能源以及国电四子王光伏发电、华电光伏、中电投供热项目相继投产运营后，三峡风电公司40万千瓦项目、中国风电项目建设稳步推进。截至2015年底，四子王旗引进风光电企业11户，其中风电企业6户，风电装机容量85万千瓦；光伏发电企业5户，光伏发电达到21万千瓦。"十二五"期末，形成风光电装机容量106万千瓦的规模。目前，准兴和明杰两家新能源公司正在分别建设1万千瓦光伏发电项目，预计6月份和8月份投产。

化工产业。硅化工产业：四子王旗初步探明石英石储量为1000万吨。山西三佳科技集团公司投资13.81亿元建设年产20万吨工业硅项目，2012年4台年产5万吨化学级工业硅项目建成投产。氟化工产业：四子王旗拥有萤石资源储量3000万吨。浙江永和公司建设年产3万吨氢氟酸项目已投入生产。总投资22.6亿元建设22.2万吨氟化工下

永和氟化工业园区工人正在调试循环水泵

四子王旗永和氟化工有限公司项目建设现场一片繁忙的景象

四子王旗变萤石资源为宝，运输车辆整装待发

氢氟酸化工区

游产品项目正在稳步实施。化学级工业硅和氢氟酸项目正式投产，实现了四子王旗化学工业零的突破。

冶金工业。 四子王旗现有铜金属资源主要集中在白乃庙地区，该地区探明储量84万吨，保有储量62万吨。经过对原有铜企业的整合，白乃庙铜业公司在原有生产规模的基础上，投资10亿元进行的技改扩建项目稳步推进，同时，积极加快铜冶炼开发，争取到2020年采矿

能力达到500万吨，铜冶炼能力达到10万吨。

石材加工产业。 四子王旗花岗岩石材资源预计总储量约50亿立方米左右，其中，查干补力格白音乌拉地区探明储量752万立方米。富恒、乾磊两家石材企业在白音乌拉地区投资建设的板材加工项目相继投产。2015年，共生产板材249.17万平方米，完成工业增加值0.9亿元，实现税金2370万元。已成为四子王旗工业经济新的增长点。

园区承载能力不断加强。 "十二五"期间四子王旗重新规划了黑沙图化工园区，规划面积达到15平方公里，2015年末，已建设完成3.07平方公里，累计完成基础设施建设投资2.06亿元，园区达到

"五通一平"。同时，在黑沙图工业园区的基础上，从2013年开始，四子王旗在查干补力格苏木白音乌拉嘎查规划建设了四子王旗石材园区，该园区规划建设5平方公里，到2015年，石材园区累计完成基础设施投资0.94亿元，园区达到"四通一平"。"十二五"末黑沙图化工园区和石材加工园区累计完成基础设施建设投资3亿元，园区水、电、路及基础设施建设正在逐步完善，园区的投资环境得到进一步优化，园区的承载力不断加强。

黑沙图化工园区已有两户化工企业入驻。其中，佳辉硅业有限责任公司5万吨工业硅生产项目已建成运营，永和氟化工有限公司22.2万吨氟化工系列产品项目正在建设中。四子王旗石材加工园区现有乾磊矿业有限公司和富恒矿业有限公司两户石材加工企业入驻，年分别生产400平方米的板材加工项目。

不断加大重点产业招商引资力度。充分利用四子王旗资源、能源有利条件，围绕电力、冶金、化工、建材、农畜产品加工等传统产业链条，引进强势龙头企业带动产业转型升级，延伸产业链条，促进传统产业新型化；加速招商引资进度。围绕四子王旗工业发展重点，紧盯发达地区产业转移目录中优先转移的产业，产业禁止和限制目录中限制发展的产业、大力承接一批科技含量较高、适合发展的重大项目。同时，对引进的重大招商项目在宏观政策导向上要严格把关，防止产业污染转移和低水平盲目引进。

"十三五"以来，四子王旗全力推进新型工业化进程。加大投资力度，改善投资结构，加速"两化"融合，努力改造和提升资源型产业、传统产业、高新技术产业，做大做强能源、化工、冶金、建材、农畜产品深加工等优势产业。壮大清洁能源发展规模。大力发展清洁能源产业，确保准兴、明杰光伏发电项目年内并网发电。推动发展高端化工产业。继续推进永和氟化工系列产品一期项目，力争年内投产运行，实现氟化工由初中级产品向高终端系列产品转变。打造农畜产品精深加工产业。积极推动民丰公司马铃薯全粉、薯片、薯条、薯泥及物流集散项目和创新公司农畜产品加工项目建成投产。加快推进园区建设步伐。围绕优势特色产业，规划建设再就业创业园区，积极引导奶制品、风干肉、民族服饰和有机肥等产业入园生产，并逐步培育壮大。

第三产业

随着四子王旗社会经济的蓬勃

发展，市场日益活跃繁荣，第三产业呈现出快速发展的势头，服务业经济总量逐步提高，行业结构渐趋优化，产业竞争能力逐步增强，为第三产业持续、快速、健康发展奠定了坚实的基础。

商贸物流业。四子王旗工商贸易是在一个极其薄弱、落后的基础上逐步发展壮大起来的。随着经济社会的快速发展和居民生活水平的提高，四子王旗批发零售贸易和住宿餐饮业呈现出快速发展态势，城乡市场体系建设步伐明显加快，构建了以百货商店、超市、便利店、连锁店等多种业态和各类交易市场为支撑的城乡商贸流通体系。

1949年之前，随着旅蒙商的发展，四子王旗的商号店铺也逐渐增多。1949年11月，四子王旗供销社正式组建。1955年，四子王旗对私营商业进行了社会主义改造，实行了公私合营和合作经营。1957年，国营商业机构成立，当年国营商业零售额完成30万元，利润1.5万元。1980年以后，个体商业户得到发展。1985年，个体商业户发展到2040户，从业人员3350人。1995年，全旗有商业批发贸易法人机构13个，网点252个，人员490人，其中国有机构11个，网点19个，集体机构2个，网点9个，个体网点224个。同时，还有零售贸易业法人机构32个，网点575个，人员1429人，1995年全旗社会消费品零售总额7381.9万元。1995年后，全旗商业经营体制实行改革，商业经济以私营和个体经营为主。1999年，社会商品零售总额1.82亿元，比"八五"末期增

世京商厦

长 29%，上缴税金 64.28 万元。

"九五"期间，以培育市场、健全要素、搞活流通为重点，商贸物流业取得了新成绩。

一是大力发展农畜产品仓储和运销业。围绕马铃薯、肉食品两大主导产业，四子王旗新建 60 吨以上储窖 470 座，新增储能能力 2 亿斤，总储存能力达 4 亿斤。储存业的发展又带动了专业批发市场的建设和运输业的发展。四子王旗马铃薯、肉食品储存、批发市场已初具规模，个体流通贩运队伍不断壮大。

二是加快小城镇建设步伐。一方面，按照"政府规划、市场运作、社会参与"的运作模式，将城镇拆迁改造与基础建设同步进行。另一方面，制定优惠政策，创造宽松环境，建立多元化投入体系。

三是放手发展个体私营经济。围绕资源开发型和劳动密集型产业，积极扶持个体私营经济发展。四子王旗乡镇企业继续保持了快速增长的好势头，企业总数达到 5632 家，从业人员 1.8 万人，有效地扩大了社会就业，拓宽了群众的增收渠道。1999 年，四子王旗乡镇企业共有 5513 个，从业人员 18104 人，总收入 13.8 亿元，以个体私营经济为主的乡镇企业呈现出速度与效益同步增长的发展势头。非公有制经济在

安置下岗职工，增加税收，提高城乡人民收入等方面发挥了重要作用。

"十五"期间，各类专业市场相继建成并投入运营。

2002 年东八号马铃薯交易市场、祥瑞集贸市场投入运营，乌兰花镇产品交易市场开工建设。2004 年，对外开放和招商引资取得了新进展。"十五"期间，对外开放和招商引资成效显著，5 年累计引进国内资金 11 亿元，是"九五"时期的 5.5 倍。

"十一五"期间，四子王旗不断规范农畜产品交易、煤炭、货运、集贸和出租车等各类专业市场，有力拉动了经济增长。商贸发展势头强劲，物流、信息、中介等新兴服务业方兴未艾。"十一五"末，建成各类商业服务网点 3370 个，市场交易额达 20 多亿元。农超对接、万村千乡、家电下乡等工程成效显著。

"十二五"期间，积极发展现代商贸物流业。四子王旗以市场化为取向、产业化为目标、社会化为方式，加大招商引资力度，大力发展新型商贸业态，加强商贸基础设施建设，不断培育新的经济增长点，商贸流通服务业作为四子王旗经济发展支柱产业的地位进一步增强。各类商业服务网点达到 4355 个，比"十一五"末增加 985 个，增长 29.2%。市场交易额达到 9.4 亿

元，比"十一五"期末增加4.5亿元，年均增长13.9%。到2015年，四子王旗社会消费品零售总额达到21.1亿元。

消费需求稳步增长，发展速度逐年提高。四子王旗商贸流通服务企业采取有效促销手段，不断开拓市场，取得了明显成效。2015年，四子王旗实现社会消费品零售总额21.1亿元，是"十一五"末的1.85倍，年均增长13.1%，社会消费保持持续稳定增长的良好局面。

市场建设突飞猛进，带动作用已经显现。以马铃薯、葵花籽、牛羊肉类、水产、蔬菜、果品及肉羊、肉牛等农副产品为主的农畜产品批发交易市场和农贸市场在数量和软硬件建设上已经有了一定的提高，市场的龙头带动作用初步显现。农资市场、农机市场和工业品市场、日用消费品市场建设逐步成型。世京农贸市场、汇东农贸市场、欧易购购物中心、百盛新天地商场和中加马铃薯仓储物流市场、润隆农畜产品批发交易市场、鼎杰农畜产品批发交易市场建设项目先后完成并投入使用，服务、辐射功能逐步提高。2015年末，四子王旗共有各类商业服务网点4355个，比"十一五"期末增加985个，增长29.2%；商贸流通从业人员5629人，比"十一五"

期末增加1995人，增长54.9%；规模以上各类市场13家，物流企业8家，批发企业241家，零售网点2908家，餐饮服务业653家，住宿服务业109家，美容美发服务业133家，再生资源回收业15家，仓储服务业3家，大、中型商场8家，汽车专营店5个。2015年，市场交易额达到9.4亿元，比"十一五"期末增长4.5亿元，年均增长13.9%。

销售网络基本形成，连锁经营覆盖城乡。四子王旗累计投入2390万元，建成了日用消费品物流配送中心3家，乡镇商贸中心1家，新建和改造农家店（便民连锁超市）158家，信息化改造农家店70家，POS普及率达到44.3%，为农牧民就近提供"货真、价廉、便利、放心"的日用消费品、生产资料提供了方便；遍及四子王旗14个苏木、乡、镇的粮油、副食、碘盐、烟草、药材、石油、农资、煤炭八大经营网络逐渐完善。在农畜产品销售方面，加快"农超对接"进程，确定了3家农畜产品龙头企业，在京津呼包等地建立专卖店、加盟店、直销店、店中店11个，与60多个机关、企事业单位建立了直供关系，拓展了农副产品销售渠道，极大地缓解了农畜产品"卖难"问题。

行业管理全面深入，市场秩序

逐步好转。"十二五"期间，进一步加强牲畜屠宰销售管理工作，确保了肉食产品质量；严格典当、拍卖业和直销企业管理，监督企业经营行为，杜绝了违法违规现象。积极做好再生资源回收经营者的备案登记工作。组织煤炭经营企业资格旗级初审、成品油经营企业资格审查肉类储备、马铃薯储备企业资格审查，积极推进酒类流通企业备案和随附单工作。严格肉类、禽蛋、粮食储备管理监督。深入推进整顿和规范市场经济秩序工作，突出食品、药品、农资市场专项整治，严厉打击商业欺诈和非法传销行为，严肃查处各类制假售假案件，市场经济秩序整顿工作取得了阶段性成果。

"十三五"以来，电子商务中心、中小企业公共服务平台和创客空间的正式运行，为全旗商贸物流发展注入了新的活力。充分发挥消费需求对促进经济增长的拉动作用，扩大消费市场平台。一是加快商贸流通业提档升级。"十三五"以来，四子王旗不断完善现有物流配送中心经营机制，充分发挥物流配送中心作用，新建13家乡镇商贸中心和41家便民连锁超市。依托农牧业发展优势，以马铃薯、葵花籽、肉类等重点农副产品为主，充分带动企业和个人投资，改造提升发展一批专业特色鲜明、集散功能强的大、中型专业市场。加大信息化人才培训和电子商务平台建设力度，深入实施"互联网+"工程，大力培育优势特色产业网络服务平台，拓宽营销渠道，促进优势产业的发展。积极引导电商企业开拓农村牧区市场，提高物流配送能力。加快通信网络建设，实现乌兰花镇和各苏木（乡镇）所在地宽带全覆盖。让更多的农牧民分享更好的公共服务。二是做大做强现代物流业。加快农牧区日用消费品物流派送网络体系建设进程，形成以配送中心为龙头、乡镇商贸中心为骨干、便民连锁超市为基础的农村牧区日用消费品现代流通网络。完善聚沣二手车交易市场、恒胜农贸市场、神源汽配汽贸城、维多利购物中心等重点项目的前期工作，扩大了商贸物流市场。三是充分挖掘消费增长潜力。积极应用"互联网+"等现代技术手段，引导传统商贸流通企业"线上线下"深度融合，引进商贸流通企业大力发展农村电商、农村物流。引导微电商、快递配送、家政服务等新兴产业发展壮大。重视和加强创客空间建设，建成容纳500人以上的创客空间。

草原旅游业。四子王旗所在的

杜尔伯特草原，地处祖国北疆的中温带，昼夜温差大，夏秋凉爽，景色优美。四子王旗旗委、旗政府从大旅游、大发展的高度出发，提出了"旅游名旗"的战略决策。以打造"吉祥草原、神舟家园"品牌为主线，深入挖掘草原文化、神舟文化、民俗文化、地质地貌文化、宗教文化、晋商文化，使四子王旗旅游业呈现出健康长足、稳步快速的发展态势，培育了一批民族特色和地域特色鲜明的旅游产品和旅游服务企业。

"九五"期间，旅游业有了新的发展。通过积极争取国家投资，东八号至旅游点60公里二级油路改造的路基工程基本完成，新修等级公路70.9公里，好路率达73.1%；通信旅游有了新的发展，格根塔拉旅游中心被国家旅游局评定为4A级旅游景点。

"十五"期间，旅游业更加繁荣。2004年，成功举办了全市首届那达慕大会，全年接待中外游客50万人（次），旅游直接收入达到5000万元。

"十一五"期间，突出打造"吉祥草原""神舟家园"旅游品牌，红格尔旅游景区开发项目正式启动，格根塔拉旅游中心多功能永久性那达慕会场开工建设。"十一五"期间，旅游业年均接待游客达50多万人（次）。

围绕"吉祥草原""神舟家园"旅游品牌建设，四子王旗不断完善基础设施，提升服务质量，"十二五"期间，四子王旗共接待游客315.6万人（次），实现旅游业总收入19.38

四子王旗草原景色

草原风景

亿元，分别是"十一五"同期的1.34倍和1.55倍。查干补力格苏木王府村和红格尔苏木大庙村被列入中国传统村落名录。旅游基础设施建设快速推进。

"十二五"期间，在中—四线、武—格线等主要交通干线设立了5块旅游道路标识牌，为自驾游提供了便捷的景区线路信息。为贯彻落实国家旅游厕所革命，完善四子王旗旅游基础设施建设，提升旅游服务质量，分别在四子部落郡王府和锡拉木伦庙建设完成两座富有民族特色和宗教特色的旅游环保厕所。大力推进格根塔拉旅游景区基础设施建设，投资8000多万元，完成了那达慕会场主体工程建设、观礼台

遮阳顶、12个战车包、赛马场跑道、停车场以及绿化、硬化等附属工程。同时，完成了脑木更—大红山旅游专线道路工程和格根塔拉草原旅游中心外环路工程建设。

旅游宣传工作取得质显著成效。"十二五"期间，四子王旗在丰富旅游内涵的同时，始终把宣传工作摆在突出位置，有针对性地开展高密度的旅游宣传活动。2014年创建了四子王旗旅游网站，网站的建立拓宽了四子王旗旅游业的宣传渠道，为快捷、高效地推介四子王旗旅游产品、资源及动态信息起到了重要作用。另外，四子王旗还创建了微信宣传平台，印制了四子王旗旅游二维码和《吉祥草原、神舟家园》

蒙古包

蒙古包

旅游宣传画册。邀请旅游卫视"文明中华行"栏目组制作了《走进金色的四子部草原》专题片并成功播出，对提升四子王旗旅游知名度起到了积极的推动作用。

一年一度的旅游那达慕、祭敖包、驼桩祭祀文化节、马文化节已成为四子王旗重点打造的文化旅游节庆活动。这些具有民族特色的旅游节庆活动丰富了旅游活动项目，有效促进了旅游业快速发展。此外，还成功举办了音乐帐篷节、音乐啤酒节、神舟家园民俗体验、七夕敖包相会等多项旅游节庆活动。丰富的旅游节庆活动，进一步提升了四子王旗的旅游知名度。

四子王旗旅游局的建立及对旅游市场的整治情况。为了加快四子王旗旅游业发展，提升旅游服务质量，四子王旗于2014年3月正式单设旅游局，并成立了四子王旗旅游执法大队，及时建立健全了旅游执法制度，完善了旅游执法程序。对各旅游景区、牧家乐景点、旅行社等涉旅企业开展了摸底调查及市场整治工作，重点整治了违规新建景点，清除了沿S101省道设置不规范的旅游道路标识牌，严格清查了各景区特种旅游活动经营项目，并全面推行了开业年审制。进一步规范旅游市场，提升了旅游服务质量。

"十三五"以来，加快推进旅游业体制改革步伐，建立大旅游产业发展格局。着力打响"吉祥草原、神舟家园"旅游品牌，构建"一体两翼一环六区"旅游新格局，将四子王旗打造成首府北部重要的草原文化旅游中心。四子王旗深入挖掘文化旅游资源，成功举办"自驾重走驼道、畅游神舟草原"系列活动，文化旅游知名度不断提高。创建红格尔文化旅游写生基地，使文化与旅游产业融合发展迈出新步伐。格根塔拉旅游中心股权重组、净州路古城遗址的保护与开发、地质博物馆建设等工作取得了明显成效。

四子王旗已成功入选自治区全域旅游示范旗，"十三五"以来，年均接待游客75万人（次），旅游年均总收入4亿多元。

金融服务业。 近年来，四子王旗金融系统认真执行稳健的货币政策，扎实推进金融改革，不断强化金融监管，积极稳妥化解金融风险隐患，全面提升金融服务实体经济水平，四子王旗金融改革发展迈上新台阶。

1950年，中国人民银行乌兰花直属区支行成立。1979年1月和7月分别成立了中国建设银行四子王旗支行和中国农业银行四子王旗支行。1984年，中国工商银行四子王旗支行成立。1987年，中国人民保险公司四子王旗分公司成立。至1999年，各项存款达27124万元，各项贷款达19573万元。财产保险公司保险金额达141353万元，收入122万元；人寿保险公司保险金额达18097万元，收入330万元。

"十二五"期间，金融服务水平快速提升。2015年末，新增中国银行、内蒙古银行和中国邮政储蓄银行三家金融机构，驻旗银行达到8家。到2015年，金融机构人民币存贷款余额分别达到44.37亿元和33.92亿元。金融业对小微企业、农

内蒙古银行四子王旗支行

中国银行四子王旗支行

牧业发展起到了积极的推动作用。

域外银行信贷投放创历史新高。信贷投放结构更趋优化。信贷投向重点领域和薄弱环节。四子王旗农村信用合作联社充分发挥服务网点多、覆盖面广等优势，深入农村牧区，直接为农牧民提供生产经营贷款和"金融扶贫"贷款，深受农牧民欢迎。中国银行四子王旗支行发挥自身产品优势，执行灵活的担保方式，切实解决当地中小微企业、个体工商户等融资难、贷款难的问题。曾被乌兰察布市银行业协会评为"文明规范服务示范窗口"、被中国银行内蒙古自治区分行评为"个人贷款标杆网点"，荣获四子王旗人民政府 2014 年度"最佳金融服务奖"、中国银行总行"百佳进位网点奖"、中国银行内蒙古自治区分行"网点效能标杆奖"、中国银行乌兰察布市分行"网点效能进步奖"。中国农业银行四子王旗支行把金融服务送到农牧民田间地头、家庭牧场，全力实施"金穗富农贷""金穗强农贷"等金融扶贫富民工程，支持"三农三牧"，为推动四子王旗农牧业生产发展、促进农牧民脱贫致富做出了贡献。

通过与辖区外金融机构进行沟通对接，成功引进了中国银行、中国邮政储蓄银行和内蒙古银行三家金融机构在四子王旗落地。中国邮政储蓄银行四子王旗支行2013年8月开业运营；中国银行四子王旗支行自2013年12月开业运营；2014年12月10日，内蒙古银行四子王旗支行正式开业运营。努力争取包商银行、中国建设银行在四子王旗落地。2012年11月底，经内蒙古自治区金融办批准，四子王旗人民政府通过注资4000万元控股成立了四子王旗汇沣融资担保公司。通过汇沣融资担保公司办理农牧业担保贷款，取得了良好的社会效益和经济效益，有力地助推了四子王旗旗域经济、产业体系、基础设施、城镇化建设和民生事业的健康发展。

"十三五"以来，认真做好自治区"县域金融工程"试点旗县各项工作，金融机构人民币存款余额达到49.35亿元，增长15.9%；贷款余额38.67亿元，增长4.5%，有力促进了全旗经济健康快速发展。

政治建设

近年来，四子王旗全面贯彻"从严治党"八项要求和"1+3"制度体系，扎实开展党的群众路线教育实践活动和"三严三实""两学一做"专题教育，充分发挥旗委总揽全局、协调各方的领导核心作用，大力支持人大、政府、政协、法院、检察院和群团组织依照法律和章程，协调一致地开展工作，依法治旗，调动各级各方面围绕中心、服务大局的积极性、主动性和创造性。

加强思想政治建设，凝聚澎湃的发展动力。注重加强党员干部理想信念教育，补足"精神之钙"。教育广大党员干部牢固树立正确的世界观、人生观、价值观，始终坚持清醒的头脑和昂扬的斗志，坚定不移地同党中央和自治区党委、乌兰察布市委、四子王旗委保持高度一致，时刻做到心中有党、心中有民、心中有责、心中有戒。巩固和扩展党的群众路线教育实践活动和"三严三实"专题教育成果，推进"两学一做"教育常态化，积极开展"四个文明"和"五个一"创建评比活动，倡导"互助友爱、和睦相处、守望相助、团结友善"的新型邻里关系，形成遵纪守法、文明礼貌、尊老爱幼的良好社会风尚，全面提高城镇居民的文明素养。牢固树立政治意识、大局意识、核心意思、看齐意识，真正把"忠诚干净、实干担当"的精神落实到干事创业的实践中。

加强民主集中制建设，凸显集体领导的优势。四子王旗委把提高班子的凝聚力和战斗力作为新形势下提高党的执政能力和领导水平，加强班子思想政治建设的一个重要环节来抓，逐步建立健全了科学民主的决策机制和高效有力的执行机

杜尔伯特大讲堂暨旗委中心组（扩大）学习会

制和一整套行之有效的工作制度。坚持把强化各级领导班子成员特别是旗四大班子领导成员的民主集中制观念作为提高总揽全局、协调各方能力，领导全旗人民推进新一轮发展的核心环节来抓。坚持开展经常性的民主集中制教育，教育和引导班子成员正确处理集体领导和分工负责的关系，思想上相互帮助、工作上相互配合、困难面前相互支持与鼓励，原则问题不让步、非原则问题不争论，进一步增强了团结协作意识。各级党组织按照"集体领导、民主集中、个人酝酿、会议决定"的原则，建立健全了党组织议事规则、"三重一大"决策机制等制度，规范完善了决策程序。在事关全局的发展规划、重大经济和社会问题中，广泛听取社会各方面、

各层次的意见，不断提高决策的科学化、民主化水平。

加强民主协商，汇聚干事创业的强大合力。加强和改进党对人大、政协工作的领导，积极支持人大及其常委会围绕全旗改革发展大局依法履行职能，强化工作监督和法律监督。支持人民政协围绕团结和民主两大主题行使智能，充分发挥人民政协政治协商、民主监督、参政议政的作用。深入落实中央和自治区党委、乌兰察布市委统战工作会议精神，重视发挥工商联、无党派人士的优势作用，扎实做好新形势下民族宗教工作。严格执行"三重一大"集体决策制度，建立了"一事一议"协商民主机制和"两代表一委员"常规工作制度。认真落实自治区党委"万名党员干部下基层"

安排部署，着力推进干部作风转变，密切党群干群关系。深入贯彻执行中央八项规定和自治区党委、乌兰察布市委配套规定，大力整治形式主义、官僚主义、享乐主义、奢靡之风。深入推进党务公开，着力打造"阳关党务"，接受群众监督，确保权力在阳光下运行。认真落实领导干部报告个人有关事项制度，将个人婚姻状况、出国（境）情况、工资收入、房产、配偶、子女从业情况等方面的内容向上级党组织如实填报。自觉接受党内监督、人大监督、司法监督、政协民主监督和舆论监督。大力开展"网络问政"，打造服务型政府。加强党对工青妇等群团组织的领导，更好地发挥其桥梁纽带作用。加强党管武装，强化全民国防教育和后备力量建设，推动军民融合发展。

加强干部队伍建设，锤炼可靠的中间力量。坚持任人唯贤的价值取向，恪守德才兼备的用人标准，注重任用那些干净担当、埋头苦干、成绩突出和群众口碑好的干部，推动工作有思路、落实执行敢担当、解决难题有办法的干部，切实建立"凭实绩用人、靠实干进步"的选人用人导向；着力提升干部队伍素质，强化和创新干部培训理念，助力广大党员干部不断更新知识结构、

提高能力素养。

加强基层基础建设，构筑牢固的战斗壁垒。进一步夯实基础党组织抓党治党责任，深入推进"四域同创"工程，使基层党建工作水平显著提升。农村党建以深化"三级示范抓引领""六有十星双服务"、星级化管理等创建活动为抓手，提升了基层党组织政治引领、推动发展的能力；社区党建按照"三有四化""六园一港"和"一居一品"的要求，提升了服务居民的综合能力；机关党建抓好"四型十好"机关创建工作，着力提高机关服务全局、服务发展、服务群众的能力；非公企业和社会组织以"双强六好"为目标，全力推动"为组建抓覆盖、已组建促规范、已规范促服务"活动扎实开展，着力提高党在企业和社会组织中的影响力、凝聚力。

加强廉政建设，创造风清气正的政治生态。推动《中国共产党廉洁自律准则》和《中国共产党纪律处分条例》的贯彻落实，严明党的政治纪律和政治规矩，教育引导广大干部时刻铭记公私之间有底线、权钱之间有红线。积极主动配合巡视组开展工作，高度重视巡视反馈意见的整改落实，坚持立行立改，不折不扣落实整改任务，把巡视整改意见落实作为加强党风廉政建设、

旗委中心组"两学一做"学习教育专题研讨会

促进各项工作的突破口，全面提升党风廉政建设制度化水平。坚持不懈贯彻中央"八项规定"和自治区、市、旗配套规定，持之以恒正风肃纪，坚决打赢作风建设持久战。大力支持纪检监察机关"三转"和纪检机关体制改革，始终保持高压态势坚决惩治腐败，严格实行"一案双查"，着力营造不敢腐、不能腐、不想腐的长效机制。

坚持深化改革，提高行政效率，政府自身建设不断加强。文化、食药、工商、质监等管理体制和机构改革全面完成，行政审批制度改革扎实推进，在105项审批事项的基础上，精减保留35项，转服务57项，实现了审批服务项目"一站式"办理，办事效率明显提高。围绕党的群众路线教育实践活动和"三严三实"专题教育，认真贯彻中央"八项规定"、自治区28项配套规定和乌兰察布市委、四子王旗委各项规定，严格落实廉政建设主体责任，加大政务公开和行政监督、审计监督力度，自觉接受旗人大及其常委会的法律监督、工作监督和政协的民主监督，重大决策主动听取人大代表、政协委员和各方面的意见，人大代表建议和政协委员提案办理质量明显提高。大力开展公务用车、党政机关办公用房清理整治工作，政府和部门预算、"三公经费"预决算全部向社会公开，全旗行政事业单位"三公经费"逐年下降，机关作风明显转变，以民为本、执政为民的责任意识进一步增强。

生态建设方面。一是积极推进"国家主体功能区"试点工程各项工作，力争率先建成发展优质、生态优良、环境优美的国家主体功能试点示范区。认真实施新一轮草原生态奖补政策，确保草原生态自我修复。加大草原生态保护宣传力度，重拳打击毁林毁草开荒等违法行为，严格落实禁牧、休牧、轮牧和草畜平衡制度，严禁偷牧，一经发现严肃问责。围绕创建国家环境保护模范城市，全力抓好"创模"与"治污"工作，强化环境综合治理，继续加大对镇内水源地、污水处理厂、供热、农牧业源及国控源的监督管理。加快空气质量自动监测站建设，全面提升全旗空气质量监测水平和预警能力。大力加强矿山地质环境治理，确保达到验收标准。积极推进电子政务建设，完善政务公开制度，建立和完善首问责任制、限时办结制、责任追究制等内部管理长效制度，实现了阳光政务。制定领导接待群众来访日制度，开展"公开大接访"活动。二是围绕依法治国、法治社会总方向，积极营造公平正义法治环境。加强法治政府建设，坚持依法行政，规范行政执法，完善监督机制，推动行政权力在法定轨道上运行。促进司法公正，深化审务、检务和警务公开，支持审判、检察和司法机关依法独立行使权力，努力为基层群众提供便捷、优质的法律援助服务，让人民群众充分体会到公平正义。增强公民法治意识，突出抓好领导干部、执法人员、企业法人等重点人群法治教育，在全社会形成办事依法、遇事找法、解决问题用法、化解矛盾靠法的良好法治环境。深入推进"六五"普法和依法治旗工作，为群众提供法律援助服务。深入开展法律进机关、进乡村、进社区、进学校、进企业、进单位活动，形成自觉学法、守法、用法的社会氛围。健全了妇女维权体系，在各级妇女中设立维权机构，公布了维权电话，下岗失业女士、离异女工、老年妇女等妇女弱势群体得到广泛关注。三是围绕经济发展体制改革关键点，积极营造诚信守法市场环境。加强诚信政府建设，开展诚信经营活动，规范"窗口"行业服务。全面推行政府信息公开，在政府门户网站上及时公开政务信息，实现政务信息资源共享。大力推进政务诚信、商务诚信和社会诚信建设，深入开展诚信教育活动。四是围绕社会主义核心价值观的总目标，积极营造健康向上的人文环境。四子王旗都贵玛老人荣获全国道德模范提名奖，并且在自治区党委宣传部、自治区文明办、自治区

主题党日活动

妇联、内蒙古日报社联合开展的首届内蒙古"感动草原——十杰母亲"评选活动荣获"十杰母亲"荣誉称号。同年12月，她又获得第二届中国"十杰母亲"荣誉称号。五是围绕弘扬传统文化、传播现代文明的总思路，积极营造有利于青少年成长的社会文化环境。开展"童心向党歌咏""传文明家风，做美德少年"等主题活动，推动社会主义核心价值观在校园落地生根。深入开展"扫黄打非"专项活动，加大校园周边环境治理，加强对网吧的整合管理。建立社区卫生服务中心并全部纳入城镇医疗保险定点机构；不断完善社会保障体系，全旗城镇无零就业家庭出现。社会保险覆盖面进一步扩大，企业离退休人员养老金按时足额发放；完善城乡低保制度，应保尽保；建立城市无着落的流浪乞讨人员救助制度。建立多层次的住房保障体系，

完成自治区政府分解、下达的住房保障目标任务，有效解决了中低收入家庭、无房户和拆迁户的住房困难。"平安四子王"建设成效显著，社会矛盾有效化解，刑事和治安案件分别下降20.47%、2.97%。深入开展安全生产大检查百日专项行动，安全生产形势保持稳定。"双拥共建"和国防工作深入开展，"爱民固边模范旗"创建工作稳步推进。民族团结进步事业开创新局面，宗教领域和谐稳定。人民防空、地震气象、档案史志、外事侨务等工作得到加强，红十字、妇女儿童、老年人和残疾人事业取得新进展。

社会建设

改革开放以来，四子王旗各项社会事业蓬勃发展，社会面貌发生了翻天覆地的变化，全旗各族人民充分享受到了改革发展带来的生活变化和巨大实惠。"十二五"末，

全旗城镇居民人均可支配收入 24763 元，年均增长 9.4 %，是 2011 年的 1.6 倍；农牧民人均可支配收入 9159 元，年均增长 16.8%，是 2011 年的 2.2 倍。

教育事业蓬勃发展。1949 年中华人民共和国成立时，四子王旗有小学（含教学点）59 所，班级 83 个，在校生 1813 名，教职工 90 人。经过 50 年的发展，1999 年末，全旗拥有中小学校 169 所（含教学点），在校人数达到 28600 人，专职教师 1775 人。小学入学率 99.9%，升学率 93.97%；初中入学率 92.89%，升学率 55.92%。中小学校中，有蒙古族学校 13 所，在校中小学生 2055 人，有教职工 370 人，还有农职业中学 16 所，其中初中 15 所，高中 1 所，在校生 5141 人，有教职工 316 人。

"十五"期间，四子王旗不断加大教育改革力度，撤并中学 7 所、小学（含教学点）38 所（个），新建高标准寄宿制小学 3 所，确保教育园区按期投付使用，引资建设了新蒙古族中学，全旗教学布局进一步优化。西河子、忽鸡图、库伦图三个乡的"普九"达标顺利通过验收。"十一五"期间，全旗义务教育"两基"达标全面完成，经费保障机制进一步完善。校安工程稳步推进，改扩建校舍 9.8 万平方米。"十二五"期间，坚持创新社会治理体制，各项社会事业成果丰硕。教育"三项改革"成效显著，课堂教学改革跻身全市前列。全旗现有中小学校及幼儿园 27 所，公办学校 16 所（普高 1 所、职高 1 所、初中 2 所、小学 9 所、

学生表演舞蹈——"我们为内蒙古喝彩"

传承民族民俗文化，蒙古族中学马头琴教学课堂气氛热烈

幼儿园3所），这其中包括民族学校4所（初中1所、幼儿园1所、旗直小学1所、牧区小学1所），民办学校11所（初中1所、小学1所、幼儿园9所）；全旗在校生14642人，其中高中2596人，初中3194人，小学6187人，幼儿园2665人；全旗现有在职教职工1819人，专任教师1483人，民族教育共有教职工195人。专任教师中研究生学历有5人，本科学历教师99人，专科学历教师481人。完成"双高普九"工作。小学、初中入学率均达到100%，残疾儿童入学率达100%，小学在校生巩固率100%，初中在校生巩固率96%以上。

"十二五"期间教育科技体育发展概况。 基础教育方面。完成"双高普九"工作。小学、初中入学率均达到100%，残疾儿童入学率达100%，小学在校生巩固率100%，初中在校生巩固率96%以上。积极发展学前教育。城乡基本普及学前一年教育，3—5周岁幼儿毛入园率达85%以上。 基本普及高中阶段教育，高中阶段入学率达85%以上。职业教育方面。在基本普及高中阶段教育的基础上，"十二五"期间，职业高中招生完成普职6：4的招生任务。民族教育方面。积极探索以集中为主，寄宿制为主，公办学校为主的办学形式，完成撤点并校工作，牧区只保留红格尔蒙校一所蒙古族学校，牧区学生除就近到红格尔蒙校就读外，其余全部集中到乌兰花镇蒙古族小学就读，完成蒙古族中小学在镇内集中办学的格局。民族学前幼儿教育有了突破性进展。采取有效措施，大幅度提高了少数民族学前三年教育的普及率。在"十二五"期间，完成市级示范性民族幼儿园评选工作。城镇幼儿园入园率达到100%，牧区入园率达到80%。加强"双语"教学和新课程改革试点。扎实推进素质教育，全面提高教育教学质量。师资队伍建设。切实抓好中小学教师继续教育工作，完善网络培训工作。到2015年，全旗幼儿园、小学、初中、高中教师学历合格率分别达到100%、100%、95%、90%。教育教学质量。全面实施素质教育，加强德育工作，完成

"五育"并举教育教学模式，进一步推进基础教育课程改革，加强校本教研制度建设，深化课堂教学改革，全旗各校基本实现"小班化"教学，教育教学质量稳步提高。优化校网布局。到2015年，全旗小学和初中的班额分别控制在40人和50人。集中资源配置，做强做大城镇学校，加大牧区寄宿制蒙古族学校建设力度，实现城乡教育均衡发展。教育信息化建设。全面启动教育信息化工程。到2015年，全旗所有中小学校基本普及信息技术教育。建成了网络学习与其他学习形式并举的学习体制，推动数字化校园建设，推动网络学习的发展。形成全旗学校的人事库、学籍库、总务管理库等数据集合，建立相应的管理信息

蒙古族中学学生享受着阅读的乐趣

草原书屋

网络服务体系。统筹城乡教育均衡发展，实现教育公平。实施"中小学标准化建设达标工程"，结合布局调整，执行乌兰察布市中小学校办学条件标准，大力加强基础教育阶段教育设施建设，统一区域内义务教育的办学标准，逐步使每个适龄儿童都享有接受良好教育的机会。"十二五"期间，完成全旗小学和初中学校基本设施、设备、教师队伍、经费等办学条件主要项目和主要指标标准。加大建设城镇学校力度。全旗"十二五"义务教育标准化建设学校共10所，完成规划建设校舍19860平方米。对10所学校的体育场地及体育馆进行投资建设。全面实施素质教育。加强和改进学校德育工作，增强德育的主动性、

针对性和实效性。认真贯彻《中共中央国务院关于进一步加强和改进未成年人思想道德建设的若干意见》和《中小学德育规程》，对学生切实加强"五爱"教育、民族精神教育、诚信教育、法制教育、心理健康教育和文明行为习惯的养成教育，加强德育基地建设，实施"校园育人""课程育人""团队育人""活动育人""环境育人""家庭育人"六大育人工程；加强德育队伍建设，不断提高他们的政治业务素质；加强校园文化建设，进一步提升全旗中小学校德育工作水平。

全面实施"新课改"，以课程改革为突破口，以提高课堂教学效率为载体，逐步推行小班化教学，走"高质量、轻负担"之路；推进

养创新精神和实践能力为重点的素质教育。提升优质教育教学资源。"十二五"期间全旗各类学校积极开展特色学校、绿色学校、文明学校的创建工作。加强教育督导工作。完善依法督政和依法督学的运行机制，建立完善的监管体系。建立以督导结果为主要依据的工作激励机制和公共管理监督机制。加强对义务教育责任的监督检查。监督学校依法办学，为提高教育质量、保证教育事业健康发展提供咨询和支持。"十三五"以来，民族教育、幼儿教育、职业教育加快发展。生盖营、六旗牛两所幼儿园建设项目顺利推进，学前教育基础设施得到进一步加强。投资6000多万元着力改善中小学校办学条件，3所学校在全市学校管理流动现场会获得优秀奖。各项扶贫助学工程稳步推进，救助各阶段学生1722名，发放资助金2400多万元，为2425名大学生办理了助学贷款。大力发展校园足球，蒙中女子足球队获得了"市长杯"足球赛第二名的优异成绩。

大力加强科技创新。中华人民共和国成立后，四子王旗科技事业得到了迅速的发展。"九五"期间，全旗建立基层科学技术综合服务站28个，建立科技示范村55个，培养科技示范户7070户。全旗有各种科技人员3286人，其中高中级专业技术人员557人。全旗共完成各类科研推广项目193项，其中获自治区

科技培训

科技育种

级科技进步奖8项,盟级14项。大面积推广优良品种、地膜覆盖、配方施肥、立体种植等农牧业生产技术,大大地促进了全旗农牧业生产的发展。

"十五"期间,科技工作紧紧围绕全旗的经济建设和主导产业的发展,实行了科技特派员制度,科技成果转化率明显提高。加强先进实用技术的培训,累计培训农牧民10.2万人(次)。"十二五"以来,大力加强科技创新。四子王旗以科技创新、人才队伍建设、新型科技服务体系建设等为重点,充分发挥科技创新对社会生产力跨越式发展的推动作用。采取政策优惠和"筑巢引凤",加强科技创新人才队伍建设,并且建立以企业为主体,

高校科研单位为依托,科技中介服务为桥梁,科技投入为支撑,政府宏观管理和政策为导向的科技发展框架。通过政府引导和市场调节,培育和新建各类科技服务机构。到2020年,争取基本建成能适应产业发展需求的多种科技服务机构和灵活多样的服务模式,使新型科技服务体系进一步健全。

医疗卫生事业不断加强。全面推进医药卫生体制改革和公立医院改革向纵深发展,巩固发展新型农村牧区合作医疗制度,逐步建立规范的、覆盖城乡的基本药物制度,加强医疗卫生服务体系建设,促进基本公共卫生服务均等化。加快卫生服务网络建设,不断完善农村牧区三级医疗机构服务网络,优化配

人数分别达到6643人、4.4万人和8155人；建设保障性住房1088套、5.05万平方米，发放廉租住房补贴682.6万元，切实解决了低收入家庭的住房困难问题。"十二五"期间，公立医院改革工作顺利推进。建成标准化卫生室69处，苏木（乡镇）卫生院7处，城乡公共卫生和基本医疗服务体系实现全覆盖。"十三五"期间投资建设基层卫生院、村卫生室，并实现一体化管理。逐步完善卫生人才培养制度和体系，切实提高医技水平。强化疾病预防控制，完善突发公共事件卫生应急体系，加强卫生监督体系建设，有效防治地方病和传染病，确保医药卫生安全。全面推进公立医院综合改革，医疗服务能力明显提高。不断完善

食品药品安全监管体系，监管能力进一步提高。加强计划生育服务管理，二孩政策全面实施。京蒙对口帮扶工作成效显著，与北京大学首钢医院、北京安贞医院、同仁医院建立了长期的合作关系。

城乡基础设施稳步推进。"十五"期间，以打造旅游城镇为目标，进一步扩大城镇规模，重点解决了"城中村"和"城边村"的问题。将乌兰花镇内外的18个自然村划归城镇，使城镇人口由过去的3.5万人增加到4.5万人，城区面积由过去的9.7平方公里增加到44平方公里。不断健全城镇功能，采取开发商垫资的办法，投资609万元，改造了新华街，形成了文化一条街。改造了解放路，形成了商业一条街。完成了东山公

宽阔干净的街道

街景

园和休闲广场的建设，加快了党政新区的开发。努力提高城镇品位，聘请天津规划设计院完成了高起点的城镇总体规划。

"十一五"期间，城镇建设和管理力度明显加大，建城区面积达到13.78平方公里，城镇人均住房面积由14.7平方米增加到23.1平方米，城镇化率由24.1%提高到了36.2%；成功启动并顺利实施了以和平路拓宽为主的旧城改造，累计拆迁2840多户近50万平方米，改造街巷40条2.9万米；新区建设步伐逐年加快，配套设施和功能更趋完善；市政基础建设稳步推进，休闲广场、生态公园、污水处理等工程建成并投入使用。人居环境大为改善，城镇化水平明显提高。城乡优抚人员、

五保户供养标准、特困户大病医疗、贫困大学生和残疾人救助力度大幅提高，城镇低保人口达到6667人、农牧区低保人口达到24869人。5年来，旗财政直接用于各类民生保障补贴和救助的资金超过8.9亿元。

"十二五"期间，坚持高起点规划、高品位建设，城乡建设力度空前，人居环境持续改善。坚持城乡协调发展，对农牧区村容村貌进行整治，城乡环境得到明显改善。城镇基础设施不断完善。按照新区配套完善、旧城拆迁改造的发展思路，到2015年，全旗累计完成投资53.78亿元，是"十一五"时期的2.9倍。乌兰花城区面积由"十一五"末的13.78平方公里扩大到19.8平方公里，城镇化率由36.2%提高到

街景

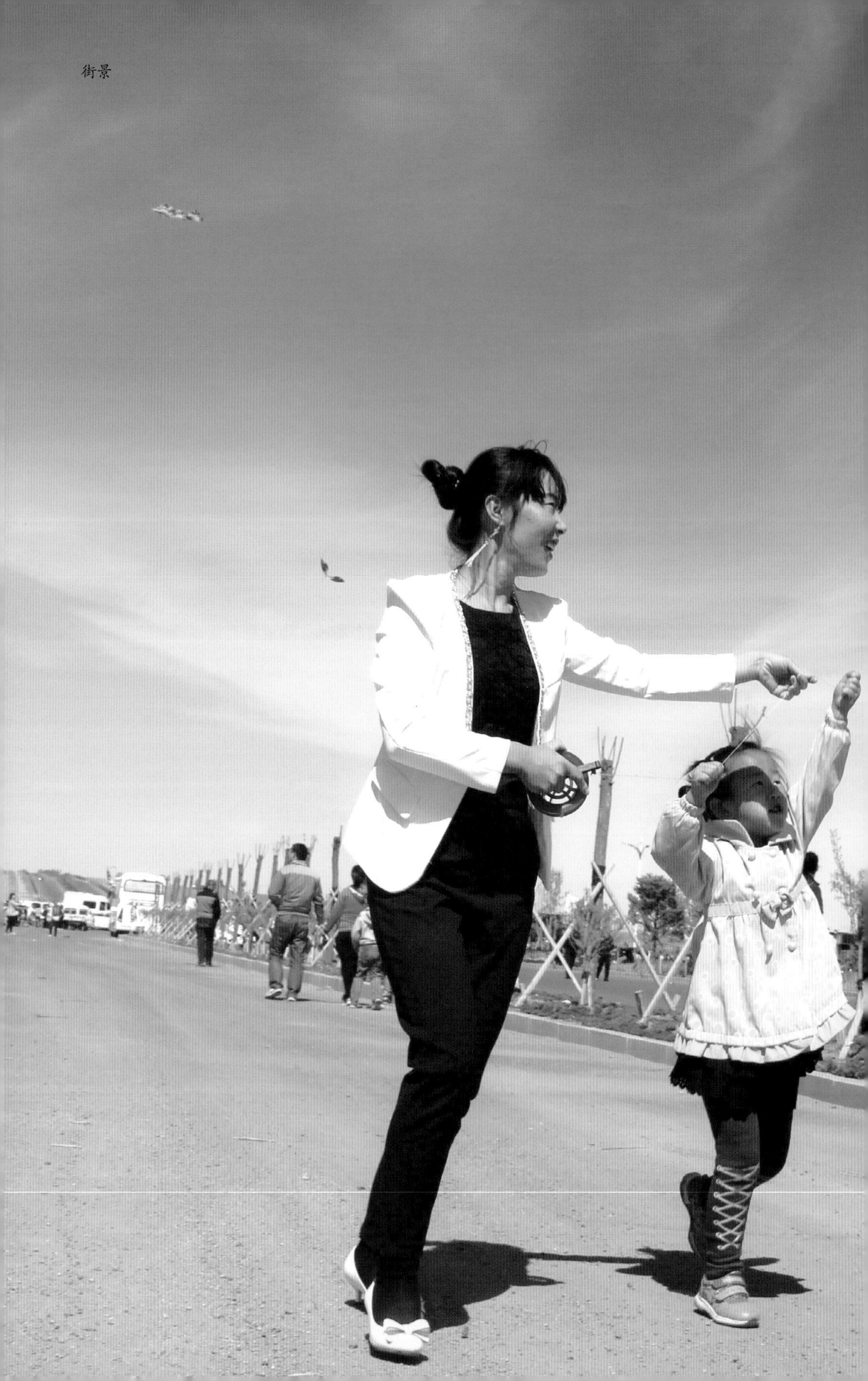

41.9%。城镇道路建设、集中供热供水、垃圾污水处理、绿化等指标均高于全市平均水平。一批生态公园、休闲广场的建成，丰富了城镇居民文化活动，哈萨尔文化广场被评为全区"十佳文化广场"，乌兰花镇荣获全国特色景观旅游名镇。加强农村牧区基础设施和公共服务建设，惠及农牧民近6万人，农村牧区生产生活条件实现了历史性飞跃。人居环境明显改善，城乡居民幸福指数显著提高。

社会保障体系不断完善。全面实施城乡低保信息化管理，建立健全社会救助数据库，严格资金发放和监督管理。加快建设覆盖全旗的"12349"养老服务平台，大力培育发展各类养老实体，逐步构建

爱老、敬老、养老服务体系。新建老干部活动阵地，推动老干部文化养老。进一步完善公共就业服务平台，继续加大技能培训力度，完成各类培训3910人，城镇新增就业1100人。加强失业保险管理，充分发挥失业保险基金的保障作用。积极开展全民参保登记和精准扩面工作，努力扩大各项社会保险覆盖面。"十二五"期间，坚持富民与强旗并重，切实加大民生投入。优先保障重点民生支出，财政用于民生支出达到59.6%。扶贫攻坚力度不断加大。以"三三制"扶贫为平台，金融扶贫富民工程为抓手，"三到村三到户"精准扶贫为依托，大力开展扶贫攻坚工程，累计投入扶贫资金1.97亿元，惠及13个苏木(乡镇)、

社保服务窗口

群众文化活动

75个行政村、14300户、41240人，全旗贫困人口由2011年末的4.8万人减少到现在的1.26万人。城乡一体化社会保障制度更加完善。城乡基本养老、医疗和失业保险参保率达到86%以上，各类社会保险待遇水平稳步提高。新型农村牧区合作医疗参合人数达15.6万人，参合率98%。民政保障各类困难人员3.6万人，补助标准逐年提高。"三个一"民生工程深入实施，惠及10万余户

元宵节群众文化活动

农牧民、993名大学新生和46户"零就业"家庭。建成各类保障性住房2560套12.44万平方米，近7000人的住房困难问题得到有效解决。

民族工作再上新台阶。四子王旗居住着蒙、汉、回、满等14个民族，少数民族人口22338人，其中蒙古族人口19919人，占总人口的8.9%。四子王旗着力加强民族团结进步宣传和创建活动，把每年5月确定为民族政策宣传月、每年9月确定为民族团结进步活动月，在全社会唱响了各民族大团结、大发展、大繁荣的主旋律。同时，四子王旗委、政府十分重视一年一度的民族团结进步表彰活动，自2012年至今，四子王旗每年9月都会开展丰富多彩的民族团结进步活动，通过召开

座谈会和在各大主流媒体上发表相关文章等形式在全旗形成了浓厚的民族团结进步氛围。从1984年至2016年，四子王旗共召开了11次民族团结民族模范集体、模范个人表彰大会，累计表彰模范集体220个，模范个人827个。通过表彰民族团结进步模范和宣传模范事迹，使干部群众对民族政策法规、民族团结发展的认识提高到了一个新高度，使四子王旗民族团结进步创建工作再上新台阶。

生态建设

作为我国北方重要的生态屏障，四子王旗早在20世纪90年代认真落实乌兰察布盟盟委、行署"进一退二还三"的战略决策，实施林草业"321"工程，开始以种草种树、改善生态环境为突破口，制定了强有力的措施。改革开放以来，四子王旗全面实施防护林、退牧还草、退耕还林还草等国家重点生态修复工程，荒漠化和沙化土地面积继续"双减少"。

林业方面。1949年，四子王旗仅有林地62亩。20世纪50年代起，先后建立了乌兰花苗圃、中大清河苗圃、大庙苗圃、江岸苗圃和红旗林场。1960年成立了林业工作站，负责全旗造林技术指导和林业生产的规划设计。1977年，全旗造林保存面积13.5万亩。1978年以后，特别是在"三北"防护林体系一期工程期间，在全旗开展了多种形式的承包责任制，发展了不少专业户、重点户。

"九五"期末，完成人工造林140.5万亩，实保存44.2万亩，其

草原

退耕还林

中用材林 13.6 万亩，防护林 22.1 万亩，薪炭林 2.4 万亩，其他林 6.1 万亩。森林覆盖率 1.06%。1995 年之后，四子王旗加大了林业建设的投入，至 1999 年人工造林保存面积 59.5 万亩，森林蓄积 14.6 万立方米，森林覆盖率 1.86%。主要树种为杨树、榆树、柠条、果树、落叶松、沙棘、枸杞。

"十五"期间，从 2001 年开始，四子王旗先后启动实施了京津风沙源治理工程、退牧还草工程、阶段性禁牧工程。从 2002 年开始，国家累计投入四子王旗草原治理建设资金 4315 万元，完成草地治理面积 41.83 万亩。退耕还草 54.2 万亩，到 2005 年末，四子王旗退耕地累计达 221.2 万亩，退牧还草 480 万亩，

使草原沙化和耕地退化的趋势基本得到控制。主要污染物排放全部达标，新建热力公司有效地削减了大气污染物排放总量。城镇居民基本使用上清洁能源，镇容镇貌有了明显改观。

"十一五"期间，四子王旗坚持"生态立旗"发展战略，立足建设北方重要的生态安全屏障，严格落实草原生态补奖政策，完成京津风沙源治理等国家重点生态建设任务 95.7 万亩、自治区重点区域绿化和阴山北麓生态安全屏障建设 18 万亩，生态环境进一步好转。

"十二五"期间，坚持把生态建设摆在更加突出的位置，完成重点生态工程 92.5 万亩。实施国家生态奖补机制 3076 万亩，生态修复效

草场

果明显。森林覆盖率由21%提高到22.09%，被确定为全区唯一的县级国家主体功能区试点。切实维护草原所有者和使用者的合法权益，顺利完成牧区草原确权承包试点工作。沙源工程实施成效显著。在以沙源工程为主的国家生态建设项目的支持下，全面实施以草定畜的草畜平衡制度。2010年以来，国家累计投入草地治理建设资金3840.2万元，完成草地治理面积100.725万亩，建设标准化暖棚6.56万平方米，储草棚0.8万平方米，配套饲草料加工机具1445台；项目区的生态环境得到恢复性的改善，植被盖度由2000年的24%恢复到36%，草群平均高度由1999年的12厘米提高到16厘米，牧草品种由2000年的12种/平方米增加到17种/平方米。全旗累计人工种草保留面积120万亩，围栏草地600万亩，分别占可利用草地面积的4.3%和21.5%。年均可实现打储草3亿千克，生产青贮饲料2.1亿千克，为畜牧业发展提供了较为充足的饲草料。草原生态补奖机制惠及千万牧民。根据自治区、乌兰察布市有关文件精神，四子王旗于2011年9月正式启动草原生态保护补奖机制，共落实草原生态保护奖励面积3076.12万亩，覆盖了牧区全境，其中落实禁牧面积1844.61万亩，草畜平衡补奖面积1231.51万亩，同时落实牧草良种补贴83万亩。草原生态补奖机制实施以后，更加有力地促进了高效生态肉羊产业的发展，通过加强羔羊育肥，直接出栏，有效减轻了草场的负荷，使天然草原得到有效恢复，产草量增加，形成良性循环的格局。依托财政支持现代农业——肉羊产业项目，建成生态家庭牧场390户，实施高效生态肉羊养殖的牧户户均增收4.9万元，人均纯增1.4万元，而且养畜达到草畜平衡，天然草场得到合理利用，实现了减畜不减收的目的。进一步强化对草原生态的保护，维护牧民利益，实现牧区又好又快发展，根据市委、市政府安排和部署，在认真总结草原生态奖补机制落实取得的阶段性成效的基础上，四子王旗全力推进草原确权试点工作。全旗5苏木1镇，共37个嘎查相继开展了草原确权工作，完成牧户确权登记6054户，占应确权96.3%，已确权草场面积2833万亩，未确权牧户233户，占3.7%，颁发确权承包经营证1860本。

以打造京津地区乃至国家边疆生态安全前沿屏障为目标，认真实施国家主体功能区方案。贯彻落实国家生态奖补政策，大力实施巩固退耕还林后续产业、京津风沙源治理、草场禁牧等生态建设重点工程，力争到2020年，森林覆盖率由"十二五"期末的22.09%增加到22.2%，生态环境得到进一步改善。实行最严格的水资源管理制度，合理开发利用水资源。建立健全矿山生态环境治理机制。严格按照"十三五"主要污染物总量削减责任书要求，落实分解污染物减排指标，形成科学的环保体系。到2020年，全旗平均好于国家二级空气质量标准的天数大于280天。有效利用和

森林病虫害防疫站工作人员对柠条林进行霜茸毒蛾防控

栽植的旱柳、新疆杨生长旺盛

保护土地资源，加强水资源保护，确保重要水源地水质达标。到2020年，全旗集中式饮用水源地水质达标率达到100%。

为打造北疆草原绿色旅游名镇，5年以来，四子王旗把城镇绿化、美化作为重点工程来抓，力求在"上档次、扩规模、求质量、出精品"上取得新突破。重点对新区路网两侧、乌兰花镇南、北两个出入口，乌兰花公园、乌兰花河道两侧、旗直机关义务植树区、民兵绿化基地及镇内主要街道两侧采取"点、线、面"结合，"乔、灌、草"多层次搭配，绿化连片的种植方式进行绿化。"十二五"期间，绿化总面积达489万平方米，种植各类乔木239万株，各类花灌木87.51万丛，种

植草坪48.78万平方米。目前，建成区绿化覆盖率达28.28%，人均公园绿地面积达12.62平方米。镇内整个绿化区域乔灌木搭配合理，色彩宜人，层次感良好，达到季季有景可观的效果。

"十三五"以来，四子王旗认真贯彻落实新一轮国家生态奖补机制，圆满完成京津风沙源和巩固退耕还林工程等国家重点生态建设项目。加大对乱开滥垦草原、林地、耕地行为的打击力度，全旗生态建设成果得到进一步巩固。

2017年，四子王旗重点打造武川—格根塔拉沿路沿线景观带，提高公路两旁绿化率。同时，大力提高城镇周边绿化率，实施人工造林2万亩。以村庄绿化推动美丽乡村建

设为契机，新增绿化面积300亩。截至目前，完成国家京津风沙源治理工程2000亩，重点区域绿化315亩。计划通过4年左右的时间、投资3.75亿元建设2万亩东山郊野公园，目前完成1.1万亩造林任务。

水利保护方面。四子王旗水资源贫乏，严重制约着农牧业生产的发展。为了改善农牧业生产条件，旗委、旗政府树立了高标准、高效益的水利建设指导思想。

"九五"期间，建成了一批效益显著的水利工程，主要有：乌兰花水库配套工程、泉掌子水库灌区配套工程、夏布格引洪工程、江岸饲草料基地水利工程、中号西滩标准化井灌区示范工程、吉生太天义城灌区配套工程、太平庄清水配套工程、库伦图大新地灌区配套工程等。同时，全旗打机电井1411眼，配套机电井1404眼，新打筒井5659眼，修防渗渠197.65公里，新增保灌面积16.81万亩，新增水保治理面积50.88万亩，建成人畜饮水工程19处，新建配套小草库伦1500处，新增饲草料面积1.5万亩，完成基本供水井改造4处，打深井26眼，开辟缺水草场100平方公里，新建滴灌1485户。

"十五"期间，投入水利建设资金3808万元，完成了白音锡勒水库的除险加固工程，新增水浇地面积2.3万亩，农牧民人均达到1亩以上。新建人饮工程10处，解决了0.88万人、5.3万头（只）牲畜的饮水问题。新修沿河坝800米、排洪工程5处，有效解决了镇内的排洪问题。

水利工程

水资源

"十一五"期间，水利基础设施建设稳步推进，完成31处人畜饮水安全工程，解决了1.2万人、3.5万头（只）牲畜的饮水问题。神舟飞船着陆场饮水安全工程新建大口井295眼，解决了3336人、24万头（只）牲畜的饮水困难问题。红格尔水库累计完成投资2.03亿元，开挖土石方100多万立方米。

"十二五"期间，水利基础设施进一步得到巩固和加强，水土保持生态环境建设取得突出成绩，农村牧区饮水安全工程建设大力推进，防汛抗旱工作逐渐走向规范化、常规化，水能资源开发利用效益显著，水政执法工作力度明显加强，水利体制改革稳步推进，水利经济综合发展。一是饮水安全工程。到目前全旗建成各种类型人畜饮水工程279项（处）（包括神舟飞船着陆场饮水安全工程1项），其中"十二五"期间批复工程167处，效益人口55721人，牲畜20.86万头（只），批复神舟人饮工程1处，效益人口6848人，牲畜39.77万头（只）。二是京津风沙源治理工程。累计总投资2155万元，其中国家投资1585万元，批复小流域治理面积36.5平方公里，水源工程74处，节水灌溉81处，其中已完成12.5平方公里的治理任务。三是牧区节水灌溉。牧区饲草料地节水灌溉面积新增1.66万亩，完成投资1521.69万元；小型农田水利牧区重点县建

污水厂

设项目，总投资为 1589.79 万元，共建设节水灌溉面积 15060 亩；牧区节水灌溉示范项目投资 1402.89 万元，改造节水灌溉面积 12753 亩。四是巩固退耕还林基本口粮田项目。投入建设资金 6970.11 万元，新增膜下滴灌面积 14.836 万亩。五是江河治理工程。乌兰花景观及河道整治工程，投资 4780 万元；塔布河防洪治理工程，总投资 1239.19 万元，已完工；银贵河水库除险加固工程，总投资 241.58 万元，主体工程已完工。六是山洪灾害防治非工程措施项目。2012 年山洪灾害防治非工程措施项目总投资 600.75 万元，其中：国家补助 400 万元、自治区补助 160 万元、其余由盟市级财政解决，现项目全部完工；2014 年度山洪灾害防治非工程措施补充完善项目投资 54.175 万元，2015 年山洪灾害调查评价项目投资 144 万元，现已完成了工程总量的 85%。七是抗旱应急水源工程。项目批复总投资 1711 万元。

"十三五"以来，在水利建设方面，四子王旗认真实施农村牧区饮水安全巩固提升、抗旱应急水源、小流域治理等工程，有效解决了农牧民的用水困难问题。红格尔水库建设稳步推进，现已完成总投资的 61%。

电力保障方面。四子王旗电力事业起步于 1984 年。武川—四子王旗 110 千伏输变电工程路线贯通，并正式向乌兰花镇供电，从此结束了四子王旗无网电的历史。

"九五"期末，全旗通电乡 15 个、

风电

苏木 10 个，行政村、嘎查 149 个，占全旗行政村、嘎查的 85.6%；通电自然村、浩特 1268 个（其中风/蓄受益 687 个），占全旗自然村、浩特 86.6%。

"十五"期间，新建了乌兰花至江岸 110kV 输变电工程，白乃庙铜矿 35kV 变电站改造一期工程、乌兰花至东八号 35kV 输变电站和乌兰花 40000kVA 主变增容工程，批准立项了武川至乌兰花 220kV 输变电工程。

"十一五"期间，电力保障能力不断加强，新建 110kV 变电站 4 座、35kV 变电站 1 座，新增主变容量 22.4 万 kVA，10kV 及以下农网改造升级工程同步推进，实施新能源通电工程 1772 户，切实满足了全旗产业发展和群众生产生活用电需求。

"十二五"期间，以风、光电为主的清洁能源产业得到了迅猛发展，到 2015 年，全旗共引进风、光电企业 9 家，装机总容量达到 106 万千瓦，打造百万千瓦级清洁能源输出基地的目标顺利实现。三峡新能源一期 40 万千瓦风电项目、红格尔新能源一期 5 万千瓦光伏发电项目、中国风电 4.95 万千瓦风电项目顺利推进，累计完成投资 16.98 亿元，全旗新增装机容量 27 万千瓦，累计突破 77 万千瓦。全旗电网建设累计投资 5.6 亿元，网电覆盖率达 90%，电力基础设施建设进一步夯实，为优势特色产业的发展奠定了坚实基础。

"十三五"以来，百万千瓦级

清洁能源基地全面建成，三峡新能源幸福风电场一期（40万千瓦）项目并网发电，风、光发电总装机容量达到106万千瓦，年发电量18.3亿度。完成投资2.09亿元，实施110千伏、35千伏输变电等9项工程。

城乡道路交通方面。1949年前，四子王旗仅有乌兰花至呼和浩特的一条简易公路，不定期通车。农村牧区主要依靠落后的木轮车、乘马及驼队作为主要交通工具。中华人民共和国成立后，交通运输事业得到很大发展，到"九五"期末，公路总里程达到1106公里，其中干线公路146.6公里，共有旗和乡级公路13条，计817.4公里，还有边防公路142公里。全旗各乡、苏木均已通车。1999年，完成客运量30.8万人次，旅客周转量1604万人公里；完成货运量62.6万吨，货物周转量4300万吨公里。

"十五"期间，四子王旗重点解决了"城中村"和"城边村"的问题。将旗政治经济中心——乌兰花镇内外的18个自然村划归为城镇，使乌兰花镇的人口从3.48万人增加到了2004年末的4.5万人，占四子王旗当年总人口的22%，城镇化率比划归前的17%上升了5个百分点，城区面积也由过去的9.7平方公里增加到了44平方公里。同时，新改建了文化一条街和商业一条街，并完成了东山公园和休闲广场的建设，加快了党政新区的开发，城镇功能正在日趋健全完善。完成了格根塔拉至丁计梁二级油路、大清河至土牧尔台三级油路、乌兰花至卫井三级沙石路的建设任务，新改建公路699.7公里。

"十一五"期间，按照"新区

通道绿化

公路建设

上规模，旧区上档次"的目标，实施市政基础设施建设项目17项，完成投资11.4亿元。6平方公里新区建设全面启动，15.4公里4条"两纵两横"主干道、4条次干道及附属工程全部完工，路网框架基本成型。旧区改造稳步推进，500户城市棚户区改造工程和16万平方米商品房开工建设。建设保障性住房660套（户）、互助幸福院17处2109户，90%以上具备入住条件。2.6万平方米的"神舟文化"主题广场和10万平方米的滨河改造及景观工程有序推进，镇内休闲广场累计达到5处21万平方米。完成4万平方米市政绿化、8.7万平方米街巷硬化。建成区绿化覆盖率达23.3%，城镇化率

40.4%，城镇人居环境进一步改善。同时，着力完善村内基础设施建设，新修村内道路16.06公里，新建人饮工程17处，解决了1661户、6509人的饮水困难问题，基本实现了饮水安全、道路硬化亮化、厕所畜厩卫生、垃圾收集定点、村庄绿化美化的新景象。

"十二五"期间，四子王旗按照"开发新区、完善旧城"的规划思路，实施了道路建设、管网建设、绿化建设、供水建设、设施建设、河道景观整治等工程，城镇道路、市容市貌焕然一新，广场、公园、公厕、路灯等城市公共服务功能日益完善。5年来以"接、补、修、建"的方式，共修建、改造主次干道59条、38.82公里。改造小街小巷41条，35万平方米，镇内基本消除了沙石路。乌兰花镇内初步形成了"三纵四横两外环"的路网结构。共新建公路1046.5公里，完成投资30.5

东山生态公园建设，一望无际的绿色映入眼帘

乌兰花镇糖坊卜子村街巷硬化

亿元，基本形成了以"三纵五横"主框架为基础、县乡村相互联结的公路网络。截至2015年底，全旗公路总里程达到2343.9公里，全旗14个乡镇(苏木)通了油路；行政村(嘎查)有109个通了油路。苏木(乡镇)通达率100%，行政村(嘎查)通达率91%。

5年来，共完成和实施重点公路建设项目6项322.8公里，完成投资26.6亿元，建设项目分别为：煤田路25公里二级公路、S101线白音希勒—都呼木段31公里一级一幅公路、武川—格根塔拉(四子王旗段)68公里一级双幅公路、乌兰花—善丹呼日勒121公里二级口岸公路、大清河—土牧尔台(四子王旗)66.5公里二级公路，乌兰花东外环12.3公里二级公路。

5年来，四子王旗共实施通村公路建设项目723.7公里，完成中央投资2.17亿元，完成自治区建设投资1.705亿元

"十三五"以来，城乡面貌焕然一新，完成农村危房改造1.1万户、村屯绿化3020亩、街巷硬化525.4公里。加大棚户区改造力度，消化库存住宅楼1116套，非住宅6万平方米，完成房屋征收220户。投资1796万元，重点对市政道路进行了集中改造和维修，广大居民多年反映的出行难问题得到有效解决。实验中学、全民健身场馆、蒙中医院、档案馆等一批重点项目陆续开工建

国道 209 线从格根塔拉西侧穿过

设。积极创建"自治区园林城镇"和"自治区卫生城镇",城镇绿化率达到27.31%,城乡人居环境显著改善。

乌兰花工业园区—国道 209 线12.2 公里二级公路全面完工。新建农村公路276.8 公里,续建 128 公里,苏木(乡镇)通油路率达到 100%,基本形成了以"三纵五横"为主框架的旗乡村公路网络。

文化建设

四子王旗是一代天骄成吉思汗胞弟哈布图哈萨尔的第十五代系孙诺颜泰四子分牧而居的部落地,也是内蒙古自治区颇具盛名的五大草原之一。这里蒙古族宫廷文化、祭祀文化、旅游文化保留完整。祭敖包、花纛祭祀、哈萨尔祭祀、蒙古族银饰制作技艺、蒙古族正骨疗法、蒙古族烧伤疗法、四子部落蒙古族服饰、民间剪纸等民俗、民间文化遗产丰富。其中蒙古族手工制作技艺、花纛祭祀、哈萨尔祭祀、蒙古族正骨疗法、蒙古族烧伤疗法等被选为乌兰察布市第五批非物质文化遗产项目,极大地促进了四子王旗非物质文化遗产的传承和发扬,推动了文化产业的迅速发展。

1950 年,四子王旗建立文化馆,为了进一步满足广大群众文化娱乐生活的需要,1956 年建立电影队 1个,在农村建立俱乐部 70 个,中心俱乐部 1 个。同时相适应地开展青年体育工作,并加强对剧团的领导,

雷锋车队爱心送考启动

以提高工作质量和效率。在此基础上按照"业余自愿，小型多样"的方针，使各种文化事业与广大群众结合成一个整体，开展收音工作，适当有计划举办收音站，满足广大人民对文化生活需求。1958年，成立电影队和地方国营晋剧团。1963年，成立乌兰牧骑。1979年，成立图书馆。1980年以后，各乡、苏木都建立了文化站。1986年，建成占地2800平方米、可容纳1200名观众的新影剧院。1958年，成立旗广播站，到20世纪70年代，各乡、苏木都有了有线广播网站。1985年秋，相继建立300W、100W、50W电视差转台，1993年和1994年相继在乌兰花镇建起300W旗人民广播电台（调频台）和有线电视台。

"九五"期间，全旗有文化馆、图书馆、乌兰牧骑、文物管理所、电影公司、广播电视台等文化事业单位，还有27个乡、苏木文化站和各苏木共17套10W或30W电视差转台。旗图书馆藏书11000册，其中蒙古文图书1077册，全旗电视人口覆盖率达92%。

"十五"期间，公共文化事业投资不断加大，群众业余文化生活日益丰富。截止到2005年，四子王旗的电视混合覆盖率已由"十五"前的70%提高到了82%；有线电视可转播28套中央以及各省、市台节目，有线用户由"十五"前的4000户增加到了2005年的8000户；入网率由"十五"前的34%增加到了2005年的67%。

"十一五"期间，文化基础设施和公共文化服务体系建设得到加

雷锋车队送爱心

强，全市广播、电视人口覆盖率分别达到94.41%和91.43%。群众性体育活动深入推进，竞技体育取得新成绩。群众性文化活动蓬勃开展，建成农家书屋、草原书屋116个，苏木(乡镇)文化站17个，安装"村村通""户户通"设备2.5万台。

"十二五"期间，紧紧抓住建设民族文化大区和社会主义新农村、新牧区的历史机遇，加快四子王旗文化广播电视建设步伐，积极争取国家扶持和当地政府支持的办法，加快了文化广播电视事业的发展，文化广播电视设备有了极大的改善，文化活动形式多样，内容丰富。

深化文化体制和机制创新。四子王旗乌兰牧骑成立于1963年7月，是内蒙古自治区最早成立的乌兰牧骑之一。现有1300平方米综合演练

厅一处，演职人员39名。乌兰牧骑建队50多年来，始终坚持面向基层、服务群众、丰富生活、繁荣文化的方针，牢牢把握社会主义先进文化的前进方向，以满足人民群众日益增长的精神文化需求为根本出发点，不断加强自身建设，面向群众、面向市场进行体制和机制创新，继承和发扬优秀民族文化，为丰富草原人民的文化生活、加快民族文化的发展、促进社会的安定和繁荣做出了突出贡献。

1992年8月，内蒙古自治区乌兰牧骑建队35周年暨首届乌兰牧骑艺术节文艺会演，四子王旗乌兰牧骑荣获自治区"先进乌兰牧骑"称号。1997年代表乌兰察布盟参加自治区乌兰牧骑成立40周年暨第二届乌兰牧骑艺术节，荣获铜奖。2006年被

"吉祥草原神舟家园"晚会

内蒙古自治区文化厅评为一类乌兰牧骑。2007年8月在内蒙古自治区成立60周年大庆之际，代表乌兰察布市参加全区第四届乌兰牧骑文化艺术节暨乌兰牧骑成立50周年大庆会演，精心设计，认真编排的《神马草原》荣获金奖，同时获得了两项创作奖，两项表演奖和"一专多能"等七个奖项，受到了各级领导和群众的高度赞誉，并荣获自治区"十佳乌兰牧骑"称号。2014年7月舞蹈《岩魂》《浩侃勤呼》参加第七届华北五省区舞蹈大赛，荣获创作、表演三等奖，两项奖项的获得填补了四子王旗乌兰牧骑舞蹈没有国家奖项的空白。2016年，乌兰牧骑舞台剧目《听外公外婆讲述的

民俗规矩》参加全国八省区第三届蒙古族传统家庭教育舞台剧大赛，荣获全国八省区二等奖；2016年12月舞蹈《都贵玛额吉》荣获乌兰察布市第六届精神文明建设"五个一工程"入选作品奖；2017年2月为了迎接全市首届冰雪艺术节四子王旗乌兰牧骑认真创编、排演了专场大型歌舞《吉祥杜尔伯特》荣获全市首届冰雪艺术节一等奖；创作排演了多场次原创蒙古剧《神舟·阿木古郎》，此剧由乌兰牧骑承担排演，并于第十三届乌兰察布市精神文明现场会期间在格根塔拉千人大厅演出。2014~2016年，乌兰牧骑送文化下乡行程达两万多公里，为农村牧区、厂矿、社区演出300多场，

文化周活动

观众达 100 多万人（次）。

近年来，四子王旗乌兰牧骑曾多次代表内蒙古自治区赴韩国、蒙古国参加艺术节及文化交流演出，受到了当地观众的热烈欢迎，并接受两国电视台记者采访，增进了两国人民的友谊，扩大了四子王旗的对外影响，将草原文化带向了世界。

"十二五"期间，共完成 38 个文化室建设任务，为每个文化室配备了相应的设施设备。部分苏木（乡镇）建设了数字书屋，共 20 处，安装了卫星设备，极大地满足了农牧

蒙古剧《神舟·阿木古郎》

民群众的文化需求。同时，继续扎实开展送电影、文化下乡 70 余场次，完成放映电影 1400 余场次，参与活动人数达 1.5 万人次。圆满完成了"乌兰察布市首届'神舟杯'民族文化用品展示会暨第二届乌兰牧骑会演""纪念抗战胜利 70 周年"群众合唱节活动和中国戏剧家协会梅花奖艺术团送欢乐下基层四子王旗行暨第三届内蒙古戏剧"娜仁花"奖大赛。四子王旗博物馆、图书馆全年免费开放，分别接待参观者和借阅人数为 13 万余人次和 2000 余人次。

文化广播电视事业蓬勃发展。2007 年，四子王旗投资建设 98.1 兆赫调频广播电台，广播覆盖以乌兰花镇为中心方圆 60 多公里。从 2012 年开始"村村通"工程建设，共安装完成"村村通"接收设备 12104 套，

"户户通"接收设备25052套，可以正常接收应急广播。2016年，通过政府采购统一招标，对旗电视台、调频广播电台的设施设备进行了更新升级，极大地改善了办公设施，提高了工作效率。另外，通过政府采购，投资142万元，完成了四子王旗高山发射台改扩建项目；投资38万元，完成了江岸苏木、供济堂镇两处数字地面覆盖的30米自立铁塔建设。为江岸苏木和供济堂镇配置地面数字电视发射机2部。传输数字地面电视节目：内蒙古汉语卫视和内蒙古蒙古语卫视；调频广播96.6MHz内蒙古蒙古语新闻，101MHz内蒙古汉语新闻，以上覆盖范围为80公里。"绿野之声、中国中央之声、内蒙古蒙古语新闻"共三套中

波节目，105.6MHz调频立体声节目，以上覆盖范围为50公里。四子王旗各族农牧民群众目前可以收看到18套数字电视节目，收听6套调频广播节目。

四子王旗先后投资100多万元添置了虚拟演播室、非编系统、数字播出系统和媒资管理系统、导播传输设施以及一批摄像器材，进一步更新了采编播设备，电视台硬件实力不断加强，全面提升了广播电视新闻宣传和节目制作水平，不断扩大地方的社会影响和知名度。

强化文化遗产保护体系。切实加强文物保护力度，开展少数民族文化遗产及文物普查工作，对濒危少数民族重要文化遗产进行抢救性保护，编制了《四子王旗净州路故

电视台播音室

城保护项目》《四子王旗砂井总管府故城保护项目》建议书，完成净州路故城遗址安防Ⅱ期工程的竣工验收。申报的锡拉木伦庙、王府两处文物遗址，被国务院批准并公布入选全国第三批中国传统村落名录。四子王旗民族文化手工艺创业园投入运营，投入资金110万元，其中政府投入50万元，入园商户自筹60万元。目前有22家商户入园，带动156人实现就业。

"十三五"以来，四子王旗深入挖掘文化旅游资源，成功举办"自驾重走驼道、畅游神舟草原"系列活动，2017年7月26日至28日，四子王旗成功承办了金雕令——首届乌兰察布国际草原文化音乐节。音乐节期间，中国摇滚乐的领军人物，被誉为中国摇滚之父的崔健和著名摇滚艺术家许巍、胡日德乐队及来自欧洲5个国家的6支摇滚乐队、蒙古国摇滚乐队及10组国际顶尖DJ电音组合，在格根塔拉草原上激情唱响。超百种美食档口、千顶露营帐篷、蒙元文化集市、篝火晚会应接不暇，北京、内蒙古、河北、山西等多地联动，国内外游客纷至踏来，嗨翻草原之夜，音乐节期间接待游客达10万余人，文化旅游知名度不断提高。创建红格尔文化旅游写生基地，文化与旅游产业融合发展迈出新步伐。大力发展校园足球，四子王旗蒙古族中学女子足球队获得了"市长杯"足球赛第二名的优异成绩。

画展

"草原儿女心向党"群众文化周

草原音乐节会场观众

世京商厦捐资助教红格尔豪校活

红格尔师生展示才艺

教学楼

蒙古族学校运动会

后　记

　　历时数月，《话说内蒙古·四子王旗》一书终于面世了。《话说内蒙古·四子王旗》的公开出版发行，首先得益于内蒙古人民出版社的鼎力支持。编写过程中，内蒙古人民出版社编审张钧和安老师一直关注我们的工作，起着推动作用，得到了旗档案局局长韩斌和杜尔伯特文化促进会会长朱景荣以及社会各界的大力支持。正是这些方方面面的支持和帮助，保证了编写工作的顺利进行。在这里，谨向大家致以最诚挚的谢意。

　　《话说内蒙古·四子王旗》是在四子王旗委、旗政府领导的直接关注、支持下开展工作的。旗委宣传部具体主抓编书业务，组织编写人员，落实编写任务。从内容选编到篇章结构精心筹划，几易其稿，谨慎定稿。对入书的照片精细筛选，力求图文并茂。

　　《话说内蒙古·四子王旗》内容虽然涉及四子王旗的历史、民俗、风物、建设成就等多个层面，但由于时间紧促又限于篇幅，本书远不能较为全面系统地反映四子王旗的方方面面，未能充分展现四子王旗的"魅力"，再加我们的水平有限，差错纰漏在所难免，敬请读者赐教、谅解。

　　特别对提供参考资料的单位和人员以及参与编写建设成就部分的同事表示感谢。

　　参考资料：

【1】《四字部落史鉴》满都麦 2015年12月第一版

【2】《四子王旗不可移动文物概览》谢寒光 2013年10月第一版

【3】《敖包：草原生态文明的守护神》满都麦 2013年10月第一版

【4】《四子王旗源流考》政协四子王旗委员会 2016年8月第一版

【5】《四子王旗老区革命史》四子王旗老区建设促进会　2011年6月第一版

【6】《四子王旗政府工作报告汇编》（1954年—2013年）旗档案史志局

【7】《四子王旗年鉴》（2014—2015）旗档案史志局

建设成就部分的稿件名录分述如下：

杨明全：经济建设·工业篇和生态建设

安格鲁玛其其格：经济建设·农牧业产业篇

李玉欢：经济建设·第三产业

贾敏：政治建设

武艳丽：文化建设

田俊海：社会建设

编　者

2017年8月